认知跃迁

人人可复制的副业思维

舒允◎著

中国铁道出版社有限公司

CHINA RAILWAY PUBLISHING HOUSE CO., LTD.

图书在版编目（CIP）数据

认知跃迁：人人可复制的副业思维 / 舒允著 . —北京：中国铁道
出版社有限公司，2023.7
ISBN 978-7-113-30224-5

Ⅰ.①认… Ⅱ.①舒… Ⅲ.①创业 - 通俗读物 Ⅳ.① F241.4-49

中国国家版本馆 CIP 数据核字（2023）第 080356 号

书　　名：**认知跃迁——人人可复制的副业思维**
　　　　　RENZHI YUEQIAN : RENREN KE FUZHI DE FUYE SIWEI
作　　者：舒　允

责任编辑：奚　源　　　　　　　　编辑部电话：（010）51873345
编辑助理：王伟彤
封面设计：仙　境
责任校对：苗　丹
责任印制：赵星辰

出版发行：中国铁道出版社有限公司（100054，北京市西城区右安门西街 8 号）
印　　刷：河北宝昌佳彩印刷有限公司
版　　次：2023 年 7 月第 1 版　　2023 年 7 月第 1 次印刷
开　　本：710 mm×1 000 mm 1/16　印张：13.5　字数：212 千
书　　号：ISBN 978-7-113-30224-5
定　　价：69.00 元

最近有位读者给我留言："为什么你的生活看起来总是热气腾腾的，有什么秘诀吗？"

看到这句话，我突然愣了一下，想给这份充实和热情找一个理由。出现在脑海里的词语有很多：运动？时间管理？效率？能量？好像都是，但好像又都不够充分。

思来想去，"副业"二字映入眼帘。真正能让生活焕然一新的，不就是它吗？没有开启副业之前，"热气腾腾"这个词好像与我无缘。

生完二宝休产假期间，每天对着嗷嗷待哺的孩子，我状态不佳，动不动就情绪低落，爱发脾气。

工作的时候因为忙，没时间思考。休产假的时候，孩子睡着了，我安静地躺着，两眼望着天花板，开始思考往后的生活。

假如失业怎么办？假如父母年老的时候没有保障怎么办？假如孩子成年后需要一大笔开支怎么办？按照目前的工资水平，真的能从容应对吗？

回想家庭的收入，回想现在的生活，回想自己的状态，那一刻，我久久无法平静。

决定要开启副业后，我做了很多尝试，投入了不少时间和金钱，很多所谓的"项目"无疾而终。尽管跌跌撞撞、四处碰壁，但我终于找到了适合自己的副业，并且在这条路上越走越远，在副业开启的第二年，收入直线上升。

回想自己一路走来，生活从"一潭死水"转向"热气腾腾"，我知道那是奋斗的力量。

因为副业，我开始 5：30 起床，运动、写作、阅读，睡前复盘，制定执行清单，每天过得井井有条。因为副业，我开始有意识结交比我更厉害的人，向他们取经，站在巨人的肩膀上吹风。

让我更惊喜的是，我身边的圈子也发生了巨大的改变。我遇到了一群志同道合、主业副业相得益彰的小伙伴。她们因为副业活出了我想象中未来的模样。

本书介绍的副业，除了我自身操盘的经验外，也来自身边小伙伴的经验，这些渠道都经过我们亲身验证。本书介绍的副业可以称为"零成本"，因为这些副业不需投入昂贵的资金成本，赤手空拳躬身入局，找一个适合自己的赛道深耕，直到技能纯熟，最终通过养成副业思维遇见更美好的自己。

有小伙伴问我："互联网红利很早就开始了，我比别人迟了那么多，还有做副业的必要吗？"

路遥在《平凡的世界》一书中说："生活不能等待安排，要去争取和奋斗；而不论其结果是喜是悲，但可以慰藉的是，你总不枉在这世界上活了一场。"

所以，不用担心，不用纠结，主动争取、主动奋斗，不管结果如何，起码你收获了一个积极向上的自己，不是吗？我们每个人，都可以依靠副业开启滚烫的人生。

最后，给大家几点做副业的小提示吧：

1．杜绝贪心。本书介绍了多个渠道、不同领域的副业，或许你看完之后会有这个感觉：什么都想做，什么都想试试。如果早期不大明确哪个适合自己，可以都尝试。但最终我们需要做减法，只保留一个赛道。对于初学者来说，专注提升一种技能，在一个领域内有收获，是最好的选择。

2．长期努力。那些厉害的人，不是突然就厉害的，那些看起来毫不费劲的人，其实在此之前都拼尽了全力。做副业也一样，不是轻轻松松，随便做做就能成功的，我们要树立长期努力的思想，做好打持久战的准备。

3．利他心理。副业和创业底层逻辑是一样的，出发点之一是为他人解决问题，提供良好的服务。我们可以经常问自己几个问题："我的行为对他人有没有意义？他们因为我而受益了吗？我所提供的内容他们足够满意吗？"以利他之心审视自身的行为，我们的副业之路才能越走越远。

4．循序渐进。副业之所以称为副业，前提是我们都有主业在从事。无论是何种意义的主业，都需要花费大量的时间和精力，副业往往也是在下班后才能开启。主业本身就令人身心疲惫，还要下大力气从事副业，其中的艰辛是必然的。起初你可能会极不适应，可以试着每天完成一些简单的任务，循序渐进，慢慢地厚积薄发，你也能取得不小的成绩。还要提醒一句，副业应合情合理合法。

三毛曾说："一个人至少拥有一个梦想，有一个理由去坚强。心若没有栖息的地方，到哪里都是在流浪。"

我想对大家说：把副业当作一个成就自己的梦想吧！不管在副业道路上遇到了困难还是机遇，都不要放弃奔跑，以免错过了远处美好的风景。

愿每一个努力开启副业的勇者，都能拿到结果，发现另一种美好的可能。

舒允
2023 年 3 月

（本书中出现的"人人"为泛指，法律中明确规定不能参加企业营利性活动的人群不在本书论述范围。）

目 录

—— 技能篇 ——

── 运营篇 ──

—— 平衡篇 ——

入门篇

提到副业，很多人或许只是围观，觉得需要有特殊技能或时间非常充裕才能进行。在自媒体时代，只要你想做副业，选择合适的赛道就能开始，都能依靠"副业"开启滚烫的人生。

第一章　一学就会的副业

副业不仅仅是业余时间的工作，而且是我们追求自我，实现人生价值与梦想非常重要的一个渠道。互联网时代为人们做副业提供了基础，只要愿意尝试，人人都能开启副业。

第一节　为什么要开启副业

每个人都是独一无二的个体，都有自己的兴趣和特长。一方面，互联网时代打破了时空的界限，提供了更为广阔的平台和空间，让越来越多的人能够依靠已有的技能、资源等获利。另一方面，随着人们对高质量生活的追求，开启多渠道收入能够进一步提高生活质量。

一、增加收入的需要

开启副业最直接的好处就是在原有基础上增加一份收入。

升职加薪固然是理想的状态，但并不是那么容易，如果能在原来的基础上额外多一条收入渠道，也许能解燃眉之急。

我刚毕业的时候在一家公司上班，当时的月工资是 1 500 元，因为岗位属性的原因，工资短期内基本上不会涨。扣除房租、伙食费、交通费后，一个月所剩无几。为了能够在那个城市落脚，周末的时候我果断开启了第一份副业：语文家教。虽然收入不算多，但因为这份副业收入多了 800 元，我可以在工资没发放的时候及时交房租。

有一个朋友是两个孩子的妈妈。她曾坦言，养孩子的压力实在太大了，自己和老公的那一点工资短期内不会涨，算上房贷、车贷，基本入不敷出。

她的主业是新媒体运营，发现身边做知识付费的老师对社群发售的需求很大。

刚开始她是一单一单地接，出效果之后索性发展成稳定的副业。目前她的副业收入在 5 000～10 000 元，有时候比主业收入还高。这份收入，给原本入不敷出的家庭带来了机动的收入。

二、抵御风险的需要

社会竞争日趋激烈，开启副业就像是多买了一份保险，在遭受意外的时候就能够多一重保障，不让自己陷于被动境地。

我仍然记得那天，表姐连夜打电话给我："怎么办，简历挂了半年无人问津，平时也有学习，但没有坚持。现在突然遇到"黑天鹅"事件，真是太难熬了……"

2015 年开始创业的她，但因为遇到"寒冬"不得不及时止损。为了维持生活，她开始投简历找工作，结果却不尽人意，可把她愁坏了。

我给她的建议是，开拓线上副业，把之前在线下做的生意在线上再做一遍，利用社群去盘活现有资源。她在实践过程中惊呼："为什么刚开始就没有开拓线上副业？"

互联网线上副业或许没有主业那么亮眼，它更像一个屋檐，没有遭遇风雨的时候看不到它的作用，一旦出现暴风雨，它却能够为你遮风挡雨。

三、开启另一可能的需要

不知道你有没有这样的经历？你认为自己做不到的事，在机缘巧合的情况下去做了，发现自己做得还不错。如果你没有去做，就永远不会发现，自己原来还可以做得那么好！副业就有这样的魔力。

莹莹是一名会计，平时喜欢写写日记，记录当天的心情。经过持续不断地练习和实践，她的稿件逐渐被一些知名的公众号刊发，并获得不错的稿酬。此外，她还在多个平台发布自己的写作心得，积累了不少粉丝。在积累了一定的经验之后，我建议她打造个人品牌，打磨一套适合零基础者入门的写作课程。

她的课程销量不错，并且即将出版一本关于女性成长主题的书籍。毫不夸张地说，因为副业，她看到了另一个优秀的自己，看到了另一个美妙的世界。

有一次，她在聊天中开心地分享一路走来的心得："如果不是因为副业，我真的不知道，我原来那么喜欢写作！"

也许，当你有了足够的勇气时，就会有足够的运气。所以，不用担心，不用害怕，尽管去做，你会发现，原来自己可以那么优秀！

四、自我提升的需要

想象一下，你是什么时候发现自己的能力提升得最快？一般是需要解决问题的时候，需要出结果的时候。

在开启副业的时候，无论是技能获益、卖货获益或是打造个人品牌获益，我们都需要不断提升自己。

依靠技能获益，需要不断精进这项技能；依靠卖货获益，需要不断优化销售技巧、优化服务。依靠个人品牌获益，需要在提升技能的情况下提升综合实力，只有这样，才能够使副业发展得越来越好。

我刚开启副业的时候，并没有流量、运营意识，只懂得发发朋友圈、更新公众号，付费的人多不多，一切随缘。

慢慢地，我发现这样不对，既然认为这份副业有意义，在提升自我价值的同时也能帮助到别人，为什么不让更多的人来学习呢？

从那以后，我不断付费学习，学习视频制作、社群运营、文案写作、体验式服务……在学习中不断克服困难，提升自身能力。

在实际运用中遇到问题时，我又返回去听课、向老师请教，如此来回循环。我不仅将副业发展得很好，技能也运用得不错，这些技能成为我人生中宝贵的财富。

进入一个陌生领域后，如果不学习，就不会得到成长。副业为我提供了成长的机会、追梦的机会、发掘潜力的机会，可以说，正是拥有了"副业思维"才让我的生活变得更加美好。

第二节　开启副业需要做的四大准备

同样是开启副业，有的人不但没做出什么成绩，还耽误了本职工作。但有的人不仅让本职工作成绩亮眼，副业也做得风生水起。只有做足了准备，成功才会悄悄降临。开启副业之前需要做哪些准备呢？

一、提升准备

什么叫"提升准备"呢？

举个例子：茉茉是一家公司的新媒体运营专员，由于刚毕业，新媒体运营方面的经验还不足，需要进一步学习。但一年的时间过去了，她的运营水平仍然停留在初级，导致很多工作都只能加班完成。此时，她的一个同事已经能娴熟掌握各种运营技能，在高效完成工作任务的同时还能腾出时间做副业，每个月多出几千元的收入。显然，茉茉没有提升主业需要的技能。

如果你有做副业的打算，一定要快速提升主业所需要的各种能力。如果你的职业是会计，必须掌握专业的计算、制表技能；如果你的主业是培训师，必须掌握培训的内容和现场表达的技巧，多方位提升培训方面的能力；如果你的主业是新媒体运营，必须掌握各大平台的引流涨粉、裂变技巧等，才能在工作中游刃有余。

只有全方位提升主业所需要的各种能力，提升工作效率，才能有条件开启副业。

二、时间准备

"上班那么辛苦，下班还要带娃，你怎么还有时间做副业？"这是我被问得最多的问题，也是很多人放弃做副业的原因。

对于做副业的人来说，最缺的可能就是时间。主业基本占据了白天时间，晚上的时间要么用来自我放松，要么用来陪伴家人，哪里还有时间呢？

其实，当你对一天 24 小时进行记录就会发现，可能无形中浪费了很多时间。比如上班的时候，可能 2 小时能搞定的事，你硬生生用了半天的时间才完成；比如下班的时候，明明除了自我放松和陪伴家人外还有 2 小时，你却用来浏览短视频和购物网站；再比如 9 点上班，可以 6 点起床学习，但你经常一觉睡到 8 点，差点连早餐都来不及吃。

有时候，我们不是缺时间，缺的是高效的时间管理能力和高度自律。既然选择了副业，就要想尽一切办法为副业腾出时间，没有时间的保障，副业必然做不起来。

这里给大家介绍三个简单的时间管理技巧。

1. 早起

早起 2 小时，既能运动又能吃早餐，还能给副业腾出时间。

2. 提高做事的效率

做时间的掌控者，能用 1 小时做完的事绝对不要花 2 小时。

3. 减少不必要的时间浪费

沉迷看小说和短视频、刷购物网站几小时、饭局参加了一个又一个……将不必要的时间浪费尽量压缩，多出的时间用来做副业，不仅能省钱还能进行自我提升。

三、技能准备

做副业，特别是互联网轻资产副业，我们应该掌握哪些技能呢？

（一）写作技能

营销是做副业的必备动作，无论你营销的是课程还是实物，写作都是必备技能之一。各大平台的引流需要写作技能，朋友圈运营也需要写作技能。那么如何提高写作技能呢？

首先是购买口碑较好的新媒体写作类指导书籍，在书籍的指导下实践；其次是对标同行，拆解题材、结构、标题，总结归纳，设计出适合自己的写作框架和思路；再次是在实践中提升写作技能，根据所写内容的数据反馈不断调整写作内容和写作方式，总结出适合自己的技巧。

（二）成交技能

做副业忌讳有粉丝没成交，因此，掌握必要的成交技能也关键。怎么做呢？首先可以购买成交方面的书籍掌握基本的成交理论；其次可以向有结果的人学习，比如你们公司的销售能手、身边的销售能人、知识付费销售讲师等，都是可以学习的对象；再次就是在实践中总结销售技能。比如哪些沟通技巧可以提高转化率，哪些沟通导致转化率下降？记录下来，每周、每个月整理转化沟通技巧，将好的沟通技巧放到语言库里，日积月累，在实践中优化和归纳，成交效果也能越来越好。

（三）语言表达技能

随着短视频和音频日趋火爆，单单依靠文字已经不能满足引流的需求。假如你想为个人品牌或者产品引流，就不能错过音频平台和短视频平台，这就需要提升语言表达技能了。如何提高语言表达技能呢？最核心的方法就是敢于开口多说，如果你觉得自己普通话不标准或声音不够好听，可以先系统学习普通话和发音技巧，把状态调整好之后每天坚持 20 分钟开口说，连续不断坚持 3 个月，你的语言表达技能会大幅度提升。

四、心理准备

很多时候，做副业需要长期的铺垫和积累。因此，一定要做好 3 个月内没有成效的心理准备。就拿新媒体写作这个副业来说，从写作技能的学习到对标账号的分析，再到真枪实弹投稿的磨炼，如果是下班时间兼职做，至少需要 1～2 个月的时间。在第三个月的时候，你写的稿子才慢慢能投出去，进而慢慢有成效。在没有练好基本功的时候，不能太心急，越心急越容易乱了步伐，反而不利于出结果。

总而言之，副业不是拍拍脑袋说干就能干，而是在完成好主业的前提之下，选定一个方向持续深耕。选择了副业，就多了一份责任，要用对待主业的态度来对待副业，做足准备、提升技能，让副业也能像主业一样为你创造非凡价值。

第二章　挖掘属于自己的副业

做副业不能盲目跟风，更不能没有进行任何分析，要挖掘自己擅长的领域拥有自己的"副业思维"。

第一节　开启副业应避免的五大误区

对很多新手来说，想要找到合适自己的副业必须避免五大误区，做好规划，一步一个脚印去挖掘、开启，才能确保副业获得成功。

一、"副业随便做做就行"

在日常生活中经常能听到这样的言论："我看他卖货就是发发朋友圈，一个月就能轻松过万；我看他拍视频就是动动嘴皮子，内容也很简单，一条视频涨粉5 000+ 挺容易；我看他写的文章难度也不高，2 000字一篇的文章我应该也能信手拈来……"

由于对副业的认识不够深，容易从表面上得出非理性的认知，以为副业随便做做就能有结果。其实沉下心来思考就会明白，如果副业随便做做就能行，为什么有人做副业不成功？没有哪一行是容易的，副业也一样。

在对某方面副业不了解的前提下，要避免眼高手低，要以空杯的心态对待，从零开始学习，提升自己的能力，厚积薄发，静待花开。

二、牺牲主业时间做副业

在做副业之后，有人会有这样的想法："主业不是自己的，副业才是。"因此用得过且过的心态对待主业，甚至牺牲主业的时间偷偷做副业，久而久之主业也会受影响。

其实，只要没辞去工作，主业就仍然是你的主战场。明确主业和副业的关系，端正心态，不能将主副颠倒。主业是维持生活的根本，这份收入能够让你在从事副业的时候不急功近利，保持良好的心态。

因此，一定要牢记，在不影响主业的前提下开展副业。当主业和副业在时间上有冲突的时候，要以主业为主，不能因为副业影响了主业。

三、盲目跟风

在做副业的时候，最忌讳的就是盲目跟风。

本来选定了家庭教育方向，坚持了 10 多天之后发现效果不明显，立刻转到职场提升方向；本来选定了口才培训方向，才做了一两个月，看到别人直播卖货做得风生水起也跟着一头扎进去；本来选定了写作投稿方向，好不容易写出点东西，看到别人的读书社群做得如火如荼又去做读书社群……

其实，如果有很多人能在一个方向上做成功，就说明这个方向是可行的，你只需脚踏实地，将输入和输出相结合，持续提升即可。至于别的行业，的确有人取得了很大收益，但你既然选择了一个方向，并且付出了一定努力，打下了基础，就不要轻易更换，因为每一次转换都要消耗不少时间和精力。

四、"副业就是兼职"

曾经看到过这样的新闻，某白领下班时间跑滴滴；某管理者下班时间摆地摊；某设计师下班时间送外卖……

从严格意义上来看，这些对于他们来说都不算副业，只能称为兼职。兼职只是为了暂时增加家庭收入，等家庭收入稳定的时候可能就不从事了。

而副业则不一样，副业虽然是主业的附属部分，但具有可持续性和长远性，随着时间的推移，副业带来的收入有可能远超主业，这时很多人会把副业做成主业。

《读书是一辈子的事》一书中讲过"副业"与"复业"的关系：

"你要学会追求复业，而不是副业。复业的意思是君子不器：你不仅仅是一个老师，你还可以是一个主持人；你不仅仅是一个公司的职员，你还可以是一个品酒师的老师，还可以是一个户外运动俱乐部的负责人。这叫作复业。"

这是一种思维习惯的养成，在选择副业的时候，要进行长远考虑，选择自己能够长期坚持的领域，而不只是着眼于眼前，但自己可能不会长期从事的领域。

五、"副业必须找少有人知的领域"

目前，很多收益较高的副业都是大家熟知的领域，比如直播带货。这个领域的收益相对较高。

副业尽量不需挑选不熟悉的领域，在熟悉的领域入手有更多的机会。只要肯花时间学、花时间研究、花时间持续跟进，在细分领域做到极致，总有机会成功的。

明确副业有可能遇到的误区，调整思维、端正心态，以正确的姿势开启副业。姿势对了，路子不歪，你就比别人少走了许多弯路。做副业，时间和时机都很重要，不在不该踩的坑中浪费时间、错过时机，是快速突破的有效途径。

第二节　五个方法助你快速定位副业

每个人的背景经历、兴趣爱好等不同，适合的副业也不同。那么，如何能快速找到适合自己的副业呢？这里介绍五个方法给大家。

一、从特长入手

或许有人会说："我感觉自己什么都会一点，但都不精通，我怎么找到自己的特长呢？"出现这样的情况很正常，因为特长很容易在自己很熟悉的时候被忽略。

那么，如何找到自己的特长？这里有三个方法。

方法一：闭上眼睛，思考一下，你从小到大，哪方面得到的奖项最多？是画画还是作文，或者演讲、舞蹈？从自己的闪光经历开始，寻找自己的特长。

方法二：围绕自己工作的情况，思考你工作的时候，哪方面的能力最能得到领导的肯定。是写作还是口才，或者是某类技术上的能力，比如修图、视频剪辑等？

方法三：在生活中，你的哪方面能力经常得到周围人的肯定。比如美食、美妆、整理收纳？

通过以上这三个方法全方位搜索，基本能得出 2～3 个特长的方向，选一个自己热爱并且具有发展前景的领域作为副业方向即可。

二、从专业入手

从专业入手是比较保险的方法。假如你觉得生活和工作上没有什么地方表现得比较突出，可以对照大学时期所学专业相关的领域，从这方面入手选择副业方向。

比如大学时的专业是汉语言文学，你的文字功底应该不差，选择写作方向是比较适合的。

比如大学时的专业是播音主持，你的副业就可以做一名播音主持培训师，通过分享播音主持的干货引流，再通过销售课程和服务收益。

比如大学时的专业是化学，你的副业可以是一名产品评测师，通过对产品成分进行评测为大家做推荐。

…………

总而言之，在选择副业的时候，可以结合专业特长，搜索与这个特长相关的领域，选一个目前竞争压力相对较小，自己也喜欢的作为未来的副业方向。

三、从兴趣爱好入手

如果你对专长的领域不感兴趣，那么可以考虑从兴趣爱好入手，明确自己的副业方向。

我身边有一个朋友在大公司工作，虽然做到了管理层，薪水也很高，但她表示她最感兴趣的是水彩画。画画一直是她的梦想，虽然后来的工作与画无关，但她的美术梦一直都在。休产假的时候，她在网上报名了水彩画的课程，上班后也一直坚持画。然后，她通过办个人画展、开展能量手绘培训班开启了副业。

有时候，虽然你对某个领域并不擅长，但如果你非常热爱，一做起来就沉迷其中不能自拔，完全可以从零开始学习，经过持续不间断的学习并总结提升，你也能成为这个领域的专家。

所以，从兴趣爱好入手，关键是要耐得住寂寞，经得起考验，熬过去了，你就能成功。因为你热爱，所以不会厌倦。

四、从他人的评价入手

想全方位了解自己，除了自己思考和对比，他人的评价也很重要。比如，一名学员在选择副业方向的时候我就建议她征集身边好友的评价，总结起来。经过调查她发现，在好友眼里她有以下闪光点：

积极上进、爱读书；

时间管理能力超强；

喜欢跟朋友分享新知识；

乐观向上、懂得安慰人。

通过好友的评价，她发现有三个可以做的副业方向：一个是个人成长方向，一个是时间管理方向，还有一个是读书分享方向。最终，她结合自己的兴趣爱好选择了读书分享方向。

五、从对标偶像入手

每个人都有自己对标的偶像，当然，这个偶像不需要太遥远，可以是身边的人，也可以是在知识付费平台上看到的通过努力获得了成绩的普通人。

比如我的一位朋友，在选择副业的时候，把自己的姑姑视为自己的"偶像"。当时她的姑姑在某培训机构教书法，一个偶然的机会接触到了短视频，持续在短视频上分享书法技巧，积累到一定粉丝之后通过课程和社群服务，一个月收入10多万元，后来干脆把副业做成了主业。

我的那位朋友看着姑姑把副业做成了主业，也希望成为那样的人，于是登门拜访取经，把方法用在自己的瑜伽副业上。经过半年打拼，她的副业慢慢走上正轨，并且获得了稳定的收入。

假如你身边刚好有这样的"偶像"人物，一定要抓住机会获取一手经验。如果没有也没关系，目前互联网如此发达，你可以去知识付费平台寻找到"偶像"

的课程，通过购买课程和咨询服务，向他们取经。

确定副业方向的方法不是一成不变的，也不是单一维度的，我们可以将上述方法综合起来，根据自己的实际情况多方位权衡和考虑，最终找到最适合自己的副业领域。长此坚持，你的基础必然越来越扎实，副业也将发光发亮。

平台篇

　　随着经济社会高速发展，各大内容平台为了留住用户、吸引用户注意，需要大量创作者创作优质内容，创作者可以通过创作优质内容获得平台政策扶持、收益奖励或粉丝关注。本篇为大家介绍适合开展副业的平台，值得注意的是，平台会根据公众需求对获利方式进行调整和更新，但不管怎么调整，底层思路是一致的，我们以不变应万变即可。

第三章　如何依托今日头条获利

很多小伙伴问我："我做副业最怕踩坑，有没有一些靠谱的平台，在上面持续运转就能获得稳定的收益？"

不要去想"天上掉馅饼"的美事，踏踏实实地在平台深耕就好。这里给大家介绍一个目前较火且具有获利价值的平台：今日头条。

第一节　今日头条获利方式

今日头条是一款基于数据挖掘的推荐引擎产品。虽然入驻今日头条的人已经很多了，但该平台机制成熟、发展迅速、用户活跃，入驻依然能有获利机会。

一、阅读量收益

在今日头条上发布微头条、文章、视频等产生的阅读量可以获得一定收益。

（一）微头条

微头条一般 200～600 字，与朋友圈、微博发布的字数相当，操作比较简单。非转发抽奖类的微头条可以获得微头条创作收益，也就是说，创作者创作的微头条内容需要原创，不能搬运或者抄袭。

条件：粉丝满 100 即可开通。

特点：短小精悍，写作难度较低，一天可以发布多条，增加曝光量。

适合人群：微头条创作相对图文来说较简单，写作零基础的创作者。

（二）图文

图文一般 1 000～2 500 字，创作图文的时候，在文章末尾插入广告，有人浏览就有一定的收益。有人阅读了你的文章，觉得不错后就会给你打赏。

条件：广告权限没有粉丝门槛，赞赏功能需要有 1 000 个粉丝以上。

特点：篇幅相对长一些，和公众号文章相当，形式也和公众号文章一样，分为几个部分。

适合人群：有写作基础的创作者。

（三）西瓜视频

通过西瓜视频平台发布视频产生的播放量也会带来相关收益。与图文一样，当有人浏览了你的视频后觉得内容不错可以给你打赏，你可以获得打赏的收益。

条件：视频播放量的收益没有粉丝门槛，但必须是原创的横版视频才有收益，转载、竖屏视频没有收益。粉丝超过 1 000 的时候可以开通打赏权益，创作者可以获得粉丝的打赏。

特点：以 1 分钟以上的中视频为主。

适合人群：有视频创作基础、有原创能力的创作者。

二、问答收益

在今日头条，有一个问答的栏目，创作者通过回答问题就可以得到一定的奖励收益。

条件：粉丝达到 100 以上的原创问答。

特点：问题的种类纷繁多样，总能找到一个能回答的，我们可以就某一个感兴趣的话题发表看法。

收益标准：由回答质量、回答阅读量、粉丝阅读量、回答阅读时长等因素综合计算决定。原创、真实、有信息增量的回答能获得更大收益。

适合人群：有自己的想法、在某一领域有一定的专业度，能给人们答疑解惑。

三、创作活动收益

在"成长指南—创作灵感"里，创作者可以看到各种各样的创作活动，比如文章类和视频类等，如图 3-1 所示。

图 3-1　创作活动

以上页面可以看到创作活动的类型、奖金总额和参与人数。一般而言，参与人数越少，获奖的概率越大。

点进其中一个活动，就可以看到对活动的基本介绍。比如，点进一个"知识创作人第七季——直击 20×× 诺贝尔奖"征稿活动，可以看到具体的奖励金额和评选规则等，如图 3-2 所示。创作者们可以根据自身的特长和兴趣参加活动进行创作。

图 3-2　"知识创作人第七季——直击 20×× 诺贝尔奖"奖项设置

四、内容电商收益

内容电商获收益，即创作者可以在自己的文章、微头条、视频、问答、直播里插入商品，如果有人买了该商品，就能获得相应的佣金。

条件：粉丝超过 1 万可开通。

特点：内容电商主要依靠佣金获利，因此与作者的文案水平和商品属性有一定关系，也就是说，在阅读量相同的前提下，商品转化率越高效果越好。

可添加的商品：京东、淘宝等电商平台的商品。

适合人群：对创作者要求较高，需要创作者有一定的文案创作能力，且有一定的粉丝基础。

五、开小店收益

开头条小店获收益，即创作者可以在头条开店并售卖自有产品获利。店铺开通之后，小店的商品可以以商品卡的形式在文章、视频、微头条、小视频、直播里进行展示，方便用户购买。

适合人群：有产品的创作者。

开通方式：点击"功能实验室—头条小店"就可以根据页面提示进行操作。

六、小说签约收益

在"工具—功能实验室"一栏里，创作者可以看到创作工具里有一个项目是"番茄小说"。点击"作家福利—申请签约"就可以看到签约条件。

特点：小说字数较多，签约后需要日更。

适合人群：对写小说感兴趣、有一定小说写作基础的创作者。

签约方式：有两种签约方式，一种是在网页页面"作家专区"进行申请，有 3 次签约机会；一种是邮箱签约，可以将作品大纲和大约 2 万字的正文投稿到编辑邮箱，投稿到编辑邮箱只有 1 次机会。

七、付费专栏收益

付费专栏是今日头条知识付费的一种方式，用户购买专栏之后就可以获得收益。

特点：付费图文或者视频课程的形式，一份时间投入之后，产品可以经过无数次售卖，不受时间、空间的限制。粉丝达到1万之后通过申请审核即可。

适合人群：有较好创作能力、有一定经验积累的创作者。

八、星图收益

今日头条的星图和抖音的星图一样，通过入驻星图平台可以收到商家星图任务，接下订单之后完成任务就能获得收益。

特点：官方的接单平台，不容易"踩雷"。

申请条件：粉丝数（头条＋西瓜）1万以上就可以申请。

适合人群：有一定文字和视频创作能力的创作者。

九、个人品牌收益

在某一领域持续积累一定经验或者专业性比较强的创作者，可以把头条号作为打造个人品牌的一个渠道，在头条号输出"微头条、图文、视频"引流到公众号，获得私域流量。

特点：与公众号相对封闭的机制不同，头条自带推广机制，一篇微头条、图文或者一条视频火了之后，系统会源源不断给你推送流量，涨粉效率高。

适合人群：有一定经验或者专业积累的创作者。

第二节　今日头条如何快速涨粉

今日头条的权益是根据粉丝数量来划分的，粉丝量越大，获得的权益越高级。因此，想要解锁更高权益，必须快速涨粉。那么对于新手而言，我们如何快速涨粉呢？

一、确定创作方向

今日头条的创作方向有很多种，比如生活、知识、影视、游戏、音乐、少儿、动漫、搞笑、美食等，创作者们可以先确定自身定位，之后在该垂直领域深耕，发布相应内容即可。

确定定位之后，就要明确受众的年龄段、性别、兴趣领域等。创作者们写的内容是给受众看的，受众的反馈决定了输出内容的阅读量和涨粉率，因此明确用户画像很重要。如果不明白，最好的方法就是参考同类目的优质账号，通过分析对比，进一步明确输出的内容。

二、找对标，明确内容和形式

明确定位之后，创作者们就可以在头条的主页"头条搜索"里输入关键词查找同领域头部账号，查看相应内容。例如你的创作方向是育儿，就可以在搜索栏中输入"育儿"二字，找到粉丝较多的头部活跃账号，看看他们账号的内容以及具体的展现形式。如图 3-3 所示：

图 3-3　同领域头部账号

搜索后点击其中一个粉丝较多的账号，进入主页，查看该账号更新的图文、微头条、视频主要是哪些内容，以什么形式展示。如图 3-4 所示：

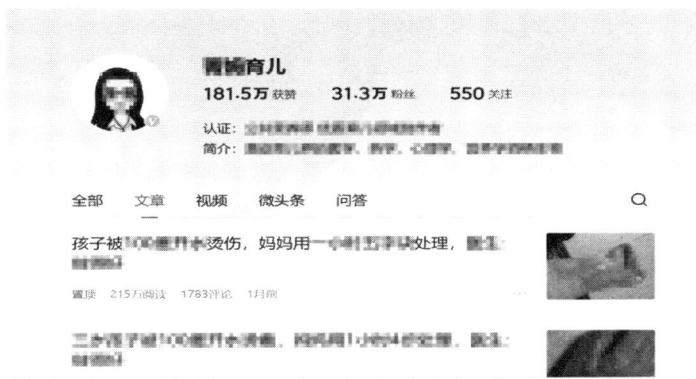

图 3-4　账号主页

从这些账号阅读量较高的文章来看，内容大多与 3 岁以前孩子的喂养、安全、生长养育等相关。

由此可以得出，该博主的受众是年轻父母，因此内容基本都与 0～6 岁孩子的养育、新手爸妈的育儿观念等有关。

或许有人会问，没有像博主这样引人注目的"标签"，能不能进行内容输出。当然可以，作为一名妈妈，你肯定有很多经验可以分享，把你在育儿过程中的心得分享出来即可。育儿领域也有不少妈妈做经验分享，因为和受众距离更近，受众更能感同身受，所以也很受欢迎。

除了 0～6 岁外，育儿领域还有针对 6～12 岁的内容，主要针对孩子的情商、智力、学习方法等方面，创作者们也可以用同样的方法搜索头部账号，研究出爆款内容。

同理，在生活、知识、影视、游戏、音乐、少儿、动漫、搞笑、美食等领域也可以用这样的方法明确受众以及输出内容。

三、搜集爆款选题，进行归纳整理

在了解头部账号的运营内容之后，接下来就是搜集爆款选题了。因为爆款选题有相似性，同样遵循"二八定律"，只要经过不断搜集和拆解，就能掌握其底层逻辑。

通过定位领域搜索出 20~30 个头部账号，查看文章、微头条、问答的内容，把阅读量较高的 10~20 条选出来，放到制作过的爆款选题库中，选题库可以是一个 Excel 表格。

例如，定位的是职场方向，就可以从列表点进去，查看活跃作者发布的内容。在搜索栏下方，可以看到有综合、资讯、视频、用户、问答、微头条等分类。

每点进一个就可以找到职场类的爆款文章，从而归纳爆款选题。此外，创作者还可以像搜索育儿用户那样，点击"用户"一栏，搜索到同类账号，这样的方式更简便。如图 3-5 所示：

图 3-5　爆款选题账号

搜索到粉丝量较多且最近更新活跃的账号，然后分别查看文章、微头条、问答、视频的内容，从而找到数据较好的文章或视频，提取爆款选题。

经过研究阅读量较大的文章发现，职场类的爆款选题主要涉及：升职加薪、副业开启、职场沟通技巧、职场精力管理、职场家庭平衡等内容，创作者们就可以把题目和选题归纳进表格，定期更新。

四、掌握内容的基本结构

视频的呈现形式多样化，这部分在后面的章节统一讲，在这里主要介绍微头条和图文的常用结构。

（一）微头条

在微头条中，较受欢迎的是故事写法，在这里介绍一个热门模式：设置悬念＋故事发展＋看法总结。

例如，头条号的一个微头条：

有人发现一个细节，林有有第一次见许幻山时，她戴的耳钉是梵克雅宝。

林有有没钱，和许幻山一起吃冰激凌的时候说过，自己的人生已经很苦了。

那她的耳钉从哪里来的？

开头引发好奇，林有有耳钉是奢侈品，她没钱耳钉哪来的？接下来步步推理：要么就是咬牙买的，要么就是高仿。最后说出自己的看法：不是真正的"文青"，只知道许总有钱，不知道背后的太太才是靠山。

创作者们在撰写微头条的时候也可以采用这种方法，开头设置悬念，层层推理满足读者好奇，然后再议论提出观点。

（二）图文

图文的结构和公众号文章的结构差不多，创作者可以将图文分为并列和递进两种结构，用好这两种结构基本上就可以驾驭图文创作。

1. 并列结构

清单式的列举就是并列结构，可以根据所定位的领域撰写这样的简单结构。比如：

孩子6岁之前要注意的几件事。（育儿）

夫妻之间做这6件事，开心不吵架。（情感）

家里有了这5件小物品，立马焕然一新。（生活）

8种健康素食的菜谱，让你从此爱上它。（美食）

2. 递进结构

递进结构也就是"提出观点＋论证观点＋升华观点"的结构。比如：

开头以某高管辞职创业失败当起外卖小哥并成功成为站长为例，得出一个观点：要冲破逆境，树立重新再来的勇气。

第二部分用一位老人独自骑行去西藏的案例进一步说明：无论任何年纪，都不要给自己设限。

第三部分总结升华：一个人有没有追求，在遇到困境（不再年轻）时表现更为明显，能不能还有重新出发的勇气？

这就是递进结构，由一个案例引入，然后提出自己的观点，进而用其他案例深入论证观点，最后总结升华。

五、查找素材，确定选题

明确写作的内容方向、选题、结构之后，创作者们就可以利用各大平台搜索热点资讯。例如，搜狐、新浪、网易、腾讯、抖音、西瓜视频、知乎、微博等，找到相关热点和题材等进行创作。当然，身边的故事、电影、电视剧也可以成为写作的素材。在头条号里书评、影评也是较受欢迎的内容。

在写作的时候，结合情感和情绪两个要素，阅读量会更高。特别是微头条，因为具有短平快的特点，在写故事的时候更要注重起承转合。情感上，包含爱情、亲情、友情的内容更容易打动人。情绪上，愤怒、怀旧、愧疚、暖心、孤独这五种情绪的内容更能让读者留下深刻印象。此外，给内容设置年龄、地域、职业等特定界限，虽然缩小了读者范围，却能给人对号入座的感觉，因此目标读者的点击率也会提高。

第四章　知乎——99%的人都不知道的副业秘诀

知乎是一个高质量问答平台，聚集着大量优秀内容创作者。2021 年 1 月知乎创始人在十周年主题演讲指出："知乎已经有 100 位创作者，月收入超过 10 万元；有 1 000 位头部创作者，月收入超过 1 万元。2021 年，知乎计划投入总价值数十亿元的现金和流量，继续加大对创作者的支持。"由此看出，知乎这个平台还是值得深耕的。

第一节　知乎常见收益方式

由于知乎平台在不断发展壮大，随着时间推移也会有新的收益方式，在这里介绍几种较为常见的。

一、付费咨询

假如创作者在某个领域、某个行业积累了一定的经验，如法律、英语、职场、科技、互联网、写作、阅读等，就可以在知乎上设置付费咨询。如果创作者在平台的回答和文章质量较高，用户会比较认可，遇到问题时会付费向创作者咨询。

（一）费用设置

当创作者成为付费咨询答主的时候，系统会默认一个价格，对于新手而言，不建议设置较高价格，几元至几十元之间即可，等账号逐渐规模扩大之后再将价格提高。

（二）收益方式

用户付费咨询或者别的用户付费旁听都可以获得收益。

二、好物推荐

知乎好物推荐，即创作者发布内容，在内容里插入相应商品，若有用户购买了该商品，创作者就可以获得一定的收益。商品卡片可以在回答、文章、视频、直播、橱窗中插入。如图 4-1 所示：

图 4-1 好物推荐

（一）获益方式

用户购买商品后获得佣金。

（二）开通路径

创作中心—创作权益—好物推荐，根据提示进行操作。

开通之后，创作者在写文章、回答时点击"钱袋"按钮即可看到京东、淘宝、拼多多、知乎商品、教育课程、知乎会员、美团等平台的来源。京东、淘宝、拼多多等平台需要绑定创作者的账号。选择其中一个即可看到相应的商品价格和佣金情况。对于新手而言，建议选择 100 元以下的商品，提高成交率。

（三）知乎好物回答撰写小技巧

1. 平时积累

用户之所以购买创作者推荐的商品，源于对创作者的信任，因此在平时回答问题和写文章的时候，可以多发布垂直度相关的内容，体现专业度。例如，定位于读书，创作者平时就可以分享质量较高的读书笔记、高效阅读方法、精品好书推荐等。

2. 垂直度相关

在挑选话题时，选择定位领域内能体现创作者专业度的话题。原因很简单，创作者越专业，用户越认为创作者可靠，也会越容易产生购买信任。

3. 寻找对标

找到点赞量较高的知乎好物文章，分析开头、结构、结尾、物品的描述手法以及插入链接的时机。结合拆解结果，创作好物推荐文章。

三、"知 + 自选"

"知 + 自选"和知乎好物不同，"知 + 自选"是在回答和文章中插入产品的卡片，有人点击了卡片，创作者就可以获得收益。主要包括考研、理财课程推广及各类生活用品如衣服、鞋子、护肤品等。

（一）收益情况

每点击一次获得相应收益，较高的一次点击可以获得三四元。如果回答和文章内容质量比较好，不仅会获得点击收益，还会有机会获得商业合作。

（二）操作路径

在"创作者服务中心"—"创作权益"—"知 + 自选"申请开通。开通之后，创作者在创建问答和文章时添加与问题文章的内容相关性高的自选卡片。发布内容后卡片需要经过审核，审核通过后才能生效。

（三）知 + 自选撰写小技巧

"知 + 自选"撰写方法可以参考"知乎好物"的撰写方法提高卡片的点击率。需要注意的是，创作者在撰写过程中要遵循下面几大原则：

1. 内容相关性

选择与专业垂直度相关的选题，内容、问题要与卡片要有相关性，且内容要原创、有价值，不可抄袭。

2. 卡片插入得当

不在开头插入卡片，因为开始用户还没有了解卡片内容，难以产生购买意愿。建议在中前位置插入卡片，文末再插入一次，可以提高用户的卡片点击率。

3. 文字代入感要强

介绍卡片内容时，不能直接复制卡片的详情页，最好是从我们的自身经历、产品的外内在特点等方面进行多方位介绍，要有代入感，和上下文衔接自然顺畅。

四、盐选作者

盐选作者就是为盐选会员创作内容，从而享受平台分成的创作者。

（一）获利方式

权益开通后，我们可以向盐选平台投稿，内容主要包含知识专栏和故事专栏等，如果作品经过审核成为盐选内容，就可以获得平台收益。

（二）开通方式

创作者服务中心—权益中心—创作权益—盐选作者，申请开通。

五、知乎视频

知乎视频是知乎推出的一个新功能，开通收益功能之后，知乎平台会根据视频的播放量对创作者进行奖励，在后台每周可以查看上一周的知乎视频收益。为了鼓励创作者制作上传视频，知乎在创作者等级加分上也有所倾斜，会给予短视频创作者较高的分值奖励。

那么如何打造视频号，才能获取收益呢？

（一）尽量真人出镜

根据用户反馈，真人出镜且价值足的视频目前更容易受大众喜爱，所以能真人出镜尽可能真人出镜。

（二）用好自荐功能

发布视频之后，可以适当用上知乎的自荐功能，提高视频的曝光度和播放量，收益也会相应提升。

（三）关联话题

发布视频时可以点击"添加话题"一栏添加相关性话题，比如视频是"育儿"就添加育儿类，如果是"副业"，就添加副业类。

（四）选择适当的活动

在发布视频的时候，为了使视频最大限度曝光，可以选择一个和视频相关的主题活动，根据活动要求发布视频，从而获得一定的奖励。例如，有的活动需要连续几天打卡，那么我们可以在发布视频的时候连续几天都关联此活动，有可能获得流量或者现金奖励。

六、知乎活动

与今日头条一样，知乎也会组织各种各样的活动，例如"给 2021 一个回答""谁是高能玩家""考研季上知乎""情感树洞""有问题提问大赛"等，参与这些活动可以获得一定的流量和现金奖励。

（一）如何找到活动

点击创作中心—创作成长—活动中心，就可以看到各种各样的活动。进入页面就能看到不同活动的奖励和参与标准。

例如，点开"情感树洞"活动，就可以看到参与活动可以获得的奖励，包括瓜分现金 20 000 元，领取创意大奖 10 000 元、百万流量奖励、知乎官方纪念品、官方运营教学答疑等。

此外，还可以看到参与活动的方式和标准，例如活动时间、如何参与活动、视频要求、如何获得奖励、数据统计规则等。其他活动也一样，点进去按照图片操作就可以参与活动。如图 4-2 所示：

图 4-2 知乎活动中心

（二）参与活动的两种方式

一般而言，有两种方式可以参与知乎活动：一种是发布相关内容的时候，在发布的页面绑定活动；另一种是直接在创作中心找到活动，在活动页面中点击"我要打卡"，在跳转页面之后点击"我要投稿"参与活动。

七、知乎直播

知乎直播是 2019 年知乎推出的功能，通过直播，可以分享知识、传递信息，给用户更直观的感受和更真切的体会。

（一）如何开通直播

点击"创作中心"—"权益中心"—"创作权益"—"知乎直播"，根据提示进行实名认证之后即可开通直播。如图 4-3 所示：

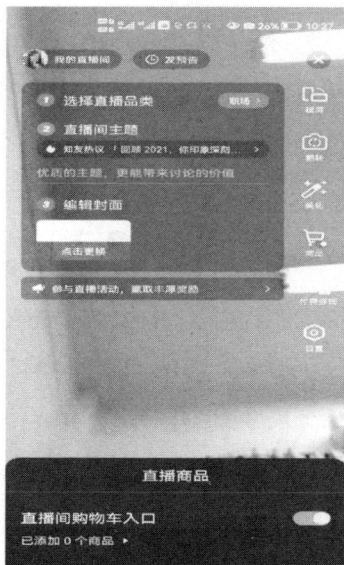

图 4-3 知乎直播

（二）直播如何获益

1. 引流私域

创作者可以在直播里分享知识干货，解答用户难题，给用户专业的知识体验，从而将用户引流至私域，靠知识付费产品进行获益。

2. 直播带货

在直播界面，创作者可以点击右边的商品按钮，从中选择直播间售卖的商品，通过带货获得一定的佣金。

3. 付费咨询

如果创作者在直播间里分享了很多知识，用户又有精准的问题需要一对一咨询，那么就可以开启付费咨询，通过解答用户问题获得相应报酬。

八、复用任务

当复用任务这个权益开通之后，如果创作者的历史回答、文章质量较高被品牌方看中，品牌方就会向你提出合作申请，你只需要根据要求进行少量的修改就能获得一定收益。如果内容质量比较高，还能和品牌方进行长期合作。

开通方式：点击"创作中心"—"权益中心"—"创作权益"—"复用任务"进行开通。

九、知乎 Live

知乎 Live 具有问答实时互动功能，创作者可以申请成为主讲人，通过语音、图片、文字、视频等分享知识和听众进行实时互动，解答他们提出的问题，在分享过程中获得相应收益。

定价和时长：根据官方要求，定价在 9.9～499.99 元之间都可以，对于新手而言几十元即可。一场 Live 的时长一般在 1～2 小时之间。

开通方式：点击"创作中心"—"权益中心"—"创作权益"—"知乎Live"进行开通。

第二节　如何快速打造快速收益的知乎账号

想要打造一个有收益的知乎账号，首先要努力把创作等级提上去，等级越高，开通的权益越多，账号越容易获得收益。那么如何打造快速收益的知乎账号呢？

一、搜索爆款回答

如何搜索爆款回答呢？比如定位于个人成长，那么个人成长常用的话题就是成长、自律、自控力、时间管理等。你只需要在搜索栏内输入这些词语，就能看到热门问题和回答。例如在搜索栏里搜索"成长"二字，点击"话题"就能看到热门话题。如图 4-4 所示：

图 4-4　知乎爆款话题

　　点击右方的"关注话题"按键，关注人气较多的话题，点击精华选项就可以看到很多热度回答。同理，其他定位领域也可以通过关键词查找的方式找到热门回答。如图4-5所示：

图4-5　人气较多话题

二、研究爆款结构

　　通过查看精华内容，可以看到有几种是常用的爆款结构，分别是清单讲道理结构、亲身经历＋说理结构、递进式纯说理结构，下面进行一一介绍。

（一）清单讲道理结构

　　这种结构较为常见，一般用于经验、道理类分享。例如，在问题"有哪些值得长期坚持下去的好习惯"下，某答主的回答得到了 10 万 + 点赞。

对方正在说话的时候不要插话。

心情不好的时候收拾东西会转移情绪。

正式去别人家里一定不要空手去！无论你们关系有多好。

学会做饭，你收获的不止厨艺，还可能有个老婆。

不懂的事要保持好奇心，但是不要乱下结论。

焦虑的时候出去走走才能找到目标。

早睡早起。

·········

把好习惯用清单的形式列出来，这些好习惯都是我们工作和生活中能用上的，虽然看上去很平常，但长期坚持的确会受益匪浅。

（二）故事 + 说理结构

这种结构一般开头会用个人经历引入，引起读者信任和共鸣之后再说理。由于个人经历能够使人有代入感，读者也较喜欢这样的结构。例如，某答主在回答"一个男生怎样才算见过世面？"这个问题时就用了这样的结构。前面讲自己的亲身经历，身边有这样的一个朋友以及自己的感受，后面再进行说理，真正见过世面的人应该是怎样的。

（三）递进式纯说理结构

递进式纯说理结构也就是"是什么、为什么、怎么做"的结构，针对某一个问题进行剖析，分析问题的危害或者意义、原因，最后一部分提出方法论。

某答主在回答"有哪些道理你后悔没有早点知道？"时就用了递进式的说理结构。

论点："太用力"的人跑不远。

原因：因为这样会提高你的预期，太用力的人更容易产生落差，不愿接受事实；越用力就越想要得到及时的良好反馈从而增加了功耗。

方法论：自我激励等正刺激，也许需要被合理谨慎地使用。比激励更重要的是过程的优化。

三、找到有潜质的问题

了解爆款回答的基本结构后，就可以有计划地查找具有潜质的问题，通过回答问题涨粉，进行账号升级，提升账号权重。什么样的问题值得回答？一般而言，回答满足精准定位和具有一定热度的问题才有价值。定位精准，关注的用户才精准，更有助于转化；问题越有热度，关注的人越多，点赞率才更高。那么如何找到有潜质的问题呢？这里介绍三个方法：

（一）查找热榜法

在知乎首页，点击热榜可以看到当天的热点问题。通过查找热榜，找到符合自身定位的问题进行回答。

（二）官方推荐问题法

点击"创作者中心"和"创作灵感"，可以发现里面有官方推荐的问题，例如近期热点、潜力问题、问题推荐、问题搜索等。

点击"近期热点"和"潜力问题"，就可以发现热榜问题以及分领域选项，点击所定位的垂直领域如"互联网""职场""教育"等进行问题查找。

点击"问题推荐"，就可以看到系统推荐的问题，一般而言，如果关注了同行账号、垂直问题，回答了垂直问题并获得相应的点赞扩散，系统也会推荐类似的问题，你只需要根据系统推荐进行筛选就行。

点击"问题搜索"可以看到"知乎热词""知乎热题""全网热点"等，在搜索栏输入关键词后就可以找到相应问题。

在问题选择上，关注者越多、回答越少、点赞过万答主越少的问题，回答越容易获得曝光。

（三）关键词搜索法

利用知乎的搜索功能，用垂直领域的关键词进行搜索。例如，定位于励志领域，你就在搜索栏里输入"励志"二字，选择热门回答时间较新的。筛选标准：关注者在1 500人以上，且回答数量少于300条的问题。

图 4-6　热门问答

例如图 4-6 热门问答就是一个较好的问题，关注者较多，热门问答只有一个破万赞，且时间是一个月内，还比较新。

四、定时更新账号

想要让账号快速升级，最快的方式是保持账号的活跃度。对于新手而言，建议每天发布想法 1 条以上，每周回答 2～3 个问题，更新 2～3 篇文章和 2 段视频。

第五章　零基础打造爆火小红书

小红书是近几年慢慢火起来的生活分享平台，随着明星的入驻以及"完美日记"在平台的强势崛起，小红书的商业价值越来越受到人们的关注和重视。如果你打算深耕个人品牌，小红书这个平台目前势头正好，建议踩着风口尽快入局。

第一节　小红书常见收益路径

小红书的收益路径比较完善，目前呈现出逐渐增多的趋势。有的博主粉丝才10万左右，一年收益能达到近百万元，说明小红书是很值得做的。它的路径主要有品牌合作人、内容带货、好物体验、直播卖货、开通小店、出售专栏、引流转化等。

一、品牌合作人

当粉丝量超过5 000，进行了个人认证之后，就可以成为官方的品牌合作人，成为官方品牌合作人之后，可以通过官方接广告，获得一定的收益。

二、内容带货

当粉丝量达到1 000并开通小清单的时候，就可以在平台上选择合适的产品，通过视频带货，当用户通过链接购买产品之后，创作者就能获得一定的佣金。

三、好物体验

粉丝量比较少的时候，创作者可以在平台申请好物体验，选择自己喜欢的产品，根据要求发布体验笔记。虽然好物体验不能给创作者带来直接收益，但可以免费试用一些好物，并锻炼创作者拍视频、发笔记的能力。

四、直播带货

账号经过个人认证后，创作者可以开通直播权限进行直播带货。特别是时尚、美妆、穿搭、母婴、好物分享类的博主，结合直播带货转化率更高。创作者可以选择平台上的货品、自身店铺的产品或者专栏进行售卖。通过直播，创作者不仅可以与粉丝互动、增进感情，还能获得一定的直播收益，是一个较好的获利渠道。

五、开通小店

如果创作者有自营产品，并且懂得内容布局，可以在小红书上开通"薯店"，通过发布优质内容吸引用户关注，引导用户购买产品，从而获得一定收益。

六、售卖专栏

如果创作者有一定的知识储备或者在某行业、某领域有一定的经验，可以把这些知识做成付费课程，通过售卖专栏获利，比如写作、瑜伽、PPT、运营、育儿课等，前提条件是粉丝量要达到 1 万以上。

七、引流收益

除了在平台直接获利外，创作者还可以将粉丝引流到私域，通过微信进行转化，但要在平台规则下进行引流，否则容易违规封号。

第二节　账号定位

小红书的获利方式众多，并且优质博主收益较高，想要做一个优质账号，首先要懂得账号定位。账号定位主要包括：人设定位 + 获利定位 + 呈现形式定位。在定位之前，一定要反复问自己："我的特点在哪里？我能给别人带来什么价值？

别人凭什么关注我？"等问题，解答了这三大问题就很好解决了定位的问题。

一、自我分析法

自我分析法就是通过对自己全方位的解剖和分析，初步得出适合自己的定位方向。我们可以问自己几个问题找到自己可以从事的领域。

问题一：最擅长什么？

问题二：因为哪个特长或习惯给自己带来了丰厚的收益？收益可以是精神的也可以是物质的。

问题三：经常因为哪个方面得到周围人的认可？

问题四：一直在坚持哪个特长或者习惯？

通过问四个问题，找到交叉的点，就是可以专注的方向。比如我的一个学员很喜欢做手工，做出来的手工特别精美，经常得到别人的称赞，也因为做手工获得了一定的收入。很明显，她可以选择手工这个领域作为自己的定位。选定领域之后，她就脚踏实地进行深耕。短短两个月的时间便涨粉 10 多万，收益几万元，虽然不算很多，但对新手而言已经很不错了。

因此，在选择领域的时候，不需要盲目跟风，小红书上的穿搭和美妆领域的确更容易接到广告，但如果选择了我们不擅长的领域，反而会适得其反。与其选择大热门的领域，不如专注于自己擅长的领域，在这个领域闯出一片天地。

二、对标法

如果经过自我分析和追问，还不能明确自己的定位，可以尝试对标法。也就是观察平台上与自己差不多背景的达人专注的是哪些领域，并且运营得好，进而进行对标学习。假如你是一名 30 多岁的宝妈，好像在育儿领域擅长一点，绘本领域也擅长一点，美食领域也擅长一点，举棋不定。那么你就可以去搜索平台上跟你差不多的宝妈，在你擅长的领域收益如何，通过什么方式获利的。通过对标，找到一个自己擅长并且收益不错的赛道去深耕。

三、尝试法

尝试法，即根据自己初步思考的结果明确几个方向。例如，个人成长、写作、阅读、美食、育儿等领域。创作者可以选择其中一个领域发布视频或笔记进行初步评测，查看用户的反馈和自身感觉，如果某领域反馈平平，自己也觉得别扭、尴尬，可以及时切换领域，直到找到适合自己的领域为止。

第三节　内容策划

当我们明确了定位之后，就可以进行内容上的策划。小红书发布内容的主要方式有图文笔记和视频笔记，二者皆可。那么如何进行内容策划呢？

一、爆款选题策划

小红书的爆款选题有以下几个类别：

（一）罗列式选题

例如：20～40 岁女生必看的 100 部励志电影。

必去的 50 个超美的旅游地。

必备的 20 个简单实用小物件。

待产妈妈超全的物品清单。

后悔没有早十年知道的生活小技巧。

（二）美好生活类选题

小红书上年轻女性用户居多，关于美好生活类的选题也很受欢迎，特别是精致生活类的选题，更受大家喜爱。例如：

哪怕只有 500 元，你也能过得有滋有味。

下班后，我把日子过成了诗。

和闺蜜回村，到底有多惬意？

理想周末：这样的生活真的会上瘾！

（三）变美变好类选题

关于变美和变好的话题也是小红书的爆火选题。因此，涉及护肤、美妆、祛痘、身材管理等类型的选题是很受欢迎的。此外，关于副业、创业、财商、读书、美食、家居生活等内容也能得到众人的喜爱。

（四）自律正能量类选题

小红书上的用户很多追求个人成长和独立，因此自律正能量的话题也比较火爆。例如：

自律一年，生活是怎么奖励我的？

做完这 25 件事之后，我突然就不再焦虑了。

每天 5 点起床，坚持一年，后来怎样了？

21 天改变一生：人人都能学会的早起法。

二、爆款标题公式

（一）对话型

对话型的句子形象生动，更容易将人带进情景中去，感染读者。公式：听说 / 你知道 / 我觉得 ＋ 不信 / 就来 / 赶快。

例如：

谁说平价气垫很差？

黑头很难去掉？你请上车！

真晒不黑，不信试试这个透气平价的防晒霜！

求助，请大家帮我选一下 / 推荐一下……

（二）痛点型

针对读者的痛点，一个标题直击内心，让读者一下子想到了自己的种种问题，想点进来寻找解决办法。公式：痛点问题 ＋ 解决方案。

例如：

暗恋 3 年不敢表白，性格内向的人怎么改变？

满脸痘痘？ 5 个秘诀还你肌肤。

刷手机总是停不下来？ 4 个方法帮助你戒掉手机。

公众号阅读量总是上不去？ 6 个步骤让阅读量翻倍。

总是情绪低落，3 大步骤让你能量满满。

（三）共鸣型

标题说出了读者想说的话,引起共鸣。公式: ×××事件＋戳中/包含/有你吗?
例如：

深度解读打工人的心路历程，你也一样吗？

自卑的人都会有这 10 种表现，戳中你了吗？

三观不同的人在一起有多累？

听说，这才是情商高的表现，看看有你吗？

（四）干货型

知识类博主经常用到的干货标题，直接呈现价值，吸引读者。公式：干货整理/××速成＋数字＋笔记核心价值。
例如：

干货整理：12 个活动策划万能模板，新手必备。

技巧速成：3 分钟教你调出王家卫电影色调。

干货分享：7 年高校笔记法，高效打造知识库。

（五）悬念型

不把内容结论直接告诉读者，用疑问句、反问句、自问自答的句式引发读者好奇。公式：为什么/如何＋数字＋悬念。
例如：

为什么孩子不愿意交流，很多家长都不知道。

从融资千万元到一无所有，我如何走出迷茫。

坚持读书 6 年，我到底得到了什么？

三、爆款视频策划

视频是小红书近年大力扶持的功能，小红书上的视频具有以下特点：一是画面精美，二是中长视频为主，三是视频看点多、价值高。在策划爆款视频的时候我们可以适当拆解，例如下面这个视频文案：

如何停止胡思乱想，终止自我折磨和内耗？（提问标题、痛点选题，符合人性特点）

一天天什么也没干，总是觉得特别累，没有目标，容易放弃、纠结、拖延，负面信息特别多，总是喜欢过度解读身边人的行为和看法。以上这些说的是不是你呢？（痛点开头）其实以上的现象都代表着一种严重的内耗人格。什么是内耗？就是一种禁止与反刍的自我消耗和自我折磨，这些对于我们的身心都是有害的。（对痛点进行解释）终止这一切并不难，你只需要掌握以下这几个简单直白又实用的思维方式即可。（给出解决办法）

分点列出方法：并列结构

第一，明白很多事都可以用"关我什么事和关别人什么事"来解决。在《被讨厌的勇气》一书里面，心理学家阿德勒提出了一个非常有效的概念，叫作课题分离。（引用理论拔高深度）就是分清楚什么是我的事，什么是他人的事。别人如何待你，怎么想、怎么做，那是他人的事，与你无关。而你怎么对待自己，怎么看待事物，怎么对待他人，这是你自己的事情，与他人无关。打比方，一个朋友想问我借钱。他想，所以这是他的事情，但是我不想，不愿意，所以拒绝了他，这是我的事情，但是之后他因为我的拒绝而生气了，这也是他的事情，我不需要为他负责。（举例，让用户能听懂）当你能够做到课题分离，忠于自己的感受而摆脱他人的期待，就已经做到了第一步。

第二，小孩子谈对错，成年人讲利益。因为这个世界不是非黑即白的，立场不同，利益点不同，看到的对错自然也不同。遇到一些让你难过或者纠结的抉择的时候，只需要想想怎么样做才能对自己好。打个比方，很多女孩喜欢跟婆婆吵架、跟领导斗气，但其实细想起来，跟他们吵架斗气，对自己没有半点好处。不跟婆婆吵，因为认知不在一个水准，不和领导动气，因为他能够直接影响到你的利益和收入。（举例，都是日常和职场，囊括面广）再比如，每次遇到让我难过，但这些已经是既定事实的事情的时候，我就会想，我沉浸在难过和懊恼之中，拿情绪来折磨我自己，对我自己有好处吗？答案是没有。所以倒不如睡个美容觉，养精蓄锐，起来的时候做一个复盘，清醒地认识自己过去犯的错误，并保证未来不再发生。（举例，契合实际）

第三，永远不要高估自己，而是承认自己是个普通人。很多人觉得累，是因为开始把目标定得太高。一天看完一本书，一周瘦20斤，每每都是呼声越高，放弃越快。而我对自己的定义很清晰，我就是一个有惰性的普通人。我规定自己每天只需要阅读两页，一周奖励自己一天肆无忌惮地吃喝，把我的大目标拆成一个个阶段性的小目标，再设计一些阶段性的小奖励，这样子坚持起来就没有那么难。况且，当你真正投入阅读的时候，两页是根本不够的，因为当阅读成为一个习惯的时候，你就会发现对你来说再也不是一种负担。

最后，把你消极的弱者思维改成积极的成长性思维，面对一些暂时看起来结果不好的事情，不去想我失去了什么，而是我从中得到了什么。我失去了一份工作，但是我得到了工作经验，我失去了一个恋人，但我学会了在下一次爱情来临的时候，如何更好地去与人相处，以及怎么样去树立我正确的择偶观。我没有优渥的出身，没有在温室里被庇佑着长大，但是风吹日晒和摸爬滚打，让我磨砺了心智并锻炼了独立生存的能力，磨难让我的灵魂变得更坚毅、更挺拔、更有力量。（排比＋鼓励）杀不死你的一切，终究都只是为了让你更强大。吸引力法则的根本来自于我们自信积极的心态，而不是等待命运的馈赠。因为命是弱者的借口，运是强的谦辞。（金句结尾）

小红书上关注独立成长的女性较多，这类视频目前挺受欢迎，我们可以根据上述方法对爆款视频进行分析总结，撰写自己的视频文案。

四、爆款笔记策划

和其他平台图文不一样的是，小红书上能发表图片和文字相结合的笔记，用简单明了的方式呈现要点，这样的形式得到很多人的喜爱。在策划笔记的时候，我们要注意：

（一）篇幅

篇幅不能过长，800～1 000 字即可。

（二）语言

语言平实简洁，不拖泥带水。

（三）符号

适当用上一些可爱的符号，并用符号把内容分点分类，可以为笔记加分。

（四）内容

保持原创度，写有价值、真情实感的内容。

（五）图片

头图的文字要突出，让人一看就想点进来。笔记的图片尽量自己拍摄，用上一些好的制图软件比如 PicsArt、黄油相机、美图秀秀等，可以快速制图。

第四节　运营技巧

一、加标签

发布笔记的时候，可以根据笔记的内容加上合适的标签，让笔记得到最大程度的曝光。

二、爆款文字介绍

参考爆款笔记的内容加上爆款文字介绍，吸引人们的眼球，让读者想马上点进来一睹为快。

三、官方账号协助

通过观察我们可以发现，很多成熟的小红书博主都会在发布笔记的时候 @ 官方账号，比如小红薯、日常薯、小红书成长助手等，多 @ 和自己领域相关的官方账号，更容易得到官方曝光。

四、定期更新

对于新手，在保证质量的前提下最好一天更新一篇，如果实在做不到，两天更新一篇也可以，保持一周发布 3 篇，更容易让账号快速活跃起来。

第六章 新手如何在抖音获 10 万粉丝并接到广告

我们经常会听到这样的问题："现在入驻抖音还来得及吗？会不会太迟了？"其实，任何时间都不算迟，只要你在精细领域专注深耕，总能闯出自己的一番天地。某账号专注乡村题材，只用了短短两个月的时间粉丝暴涨 1 000 多万。本章主要为大家介绍抖音的收益渠道和运营技巧。

第一节 抖音收益渠道

一、电商

电商获利方式主要有两种：一种是开设自己的小店卖自己的产品；一种是将官方的产品放在主页，用户购买产品后可以获得一定的佣金。

二、广告

广告是抖音常见的获利方式，一般而言，当粉丝达到一定的数量后，就可以开通星图平台，在星图平台里标注广告价格，广告主如果觉得合适会主动在上面联系运营者洽谈广告事宜。一般而言，广告主要分为硬广和软广两种，硬广就是直接推产品，软广就是间接穿插产品。

三、知识付费

知识付费就是通过向粉丝售卖自己的知识产品从而获益。通过发布优质视频内容，赢得粉丝关注，再通过后端知识付费获得收益。

四、引流转化

引流转化主要分为线上引流和线下引流两种：线上引流主要是把抖音的流量引流到私域账号，比如引流到微信，后期可以通过微信店铺、朋友圈等发布产品获得收益；线下引流主要是通过发布店铺视频，将同城用户导流到店铺，从而扩大流量、增加收益。

五、直播卖货

直播主要获利方式有两种：一种是带货赚佣金或售卖自家产品，一种是直播打赏。其中第一种普适性更强，应用范围也更广。

六、打造个人品牌

打造个人品牌是比较稳定的获利方式，一旦个人品牌打造好了，就算脱离了平台，也能发展得很好。例如某些著名的个人账号，都是个人品牌打造的结果。有了稳定的个人品牌后，不仅可以通过知识付费获利，还可以通过IP衍生价值获利。

第二节　抖音账号定位

明确了抖音的盈利渠道，创作者就要对自己进行多维度分析，确定账号定位。有的人会说："不管我发什么，只要粉丝涨起来了，不就是可以获利了吗？"其实不然，在抖音，粉丝量不能和收益等同，有的账号有几百万粉丝，一个月获利几千元，有的账号只有几万粉丝，一个月获利几万元，这是很正常的事。因此，想要账号获利效果好，在拍摄视频前要首先明确账号定位。

一、明确账号细分领域

目前，抖音上的达人涉及的领域广泛，主要有才艺类、兴趣类、知识类、时尚类、情感类、生活类、职场类、励志类、旅行类、美食类等。先明确大方向领域，再从细分领域着手，选择一个竞争没那么大且自身擅长的细分领域。

例如写作领域，可以分为文案写作、新媒体文写作、小说写作、短剧写作等；短视频运营领域，按照方式分可以分为口播类短视频运营、Vlog 短视频运营。如果按照题材分，细分领域就更多了，绘画可以分为水墨画、油画、水彩画、素描等，办公软件知识可以分为 Word、Excel、PPT 等。每一个大类都有其细分领域，要坚持"小而美"的原则，选择大类下的一个细分领域即可。

例如，同样是扮装搞笑视频，也有不同的细分领域。

一个视频是一个人饰两个角色，男朋友和女朋友都是一个人，吐槽恋爱和日常生活中的琐事。

一个视频是以化妆品柜台为题材，讲述柜员和不同客户之间的搞笑事。

一个视频是一个人饰演母亲和儿子两个角色，上演母子之间"斗智斗勇"的趣事。

一个视频是以教师上课为题材，上演校园期间的幽默小事，勾起人们对学生时代的回忆。

一个视频是以银行柜台为场景，上演不同柜台人员和储户的日常有趣事，使人们的感同身受。

无论是哪一种，都有极强的标签属性。因此，就算是同一大类的题材，也有不同侧重，给人耳目一新的感觉。

二、明确账号的作用

无论是哪一类型的账号，都可以给用户带来一定的价值。比如，颜值类账号满足了人们视觉上赏心悦目的需求，让人们心情愉悦；剧情类账号可以让人身临其境，看人生百态；知识类账号可以教人一些知识技巧等。创作者要在这些细分领域里探索的账号也要有一定的功能和作用，才能够让用户关注。

例如：

正能量妈妈，做你的贴心闺蜜。

心理咨询师，为你解除婚姻烦恼。

爱倒腾的妈妈，为你介绍生活小妙招。

专业美术老师，教你从零到一画水彩画。

蛋糕先生，教你做简单又好吃的蛋糕。

这些都是账号能提供的价值，都是别人关注账号的原因。

三、明确账号的形式

一般而言，抖音上有真人出镜和非真人出镜的形式。真人出镜又分为口播、情景剧、Vlog 等形式。口播类一般适合知识类达人，将知识简单明了说清楚。情景剧和 Vlog 比较适合生活类和操作类的视频。无论是哪种，都需要打造符合自身的人设。想要人设出彩，并且被观众记住，所打造的人设就要有一定辨识度，制造反差感。

（一）独特的差距感

这些人群足够稀缺，经历独特，资源独到，是别人难以模仿的。某账号，自由式滑雪冠军、女学霸，虽然与我们有一定差距，但足够优秀励志，所以会引发人们关注。某账号，经常采访明星，和明星同台、开玩笑，这样的经历是大众难以接触到的，所以人们会很好奇、感兴趣。某账号，帅哥和美女的夫妻组合，起初以收租题材吸引人们的关注，夸张和反转的剧情，让人们常常感到出乎意料。

（二）代入感和亲切感

分享生活中较为常见的场景，会给人一种代入感和亲切感。但这种代入感也需要一些反差，比如在大家的印象中，婆婆和媳妇的关系有时不容易处理，但在视频里，有的婆婆甚至会和儿媳妇共同"对付"儿子。例如某账号里面就有一个很疼儿媳妇的婆婆，让人心生羡慕。再如，男人回到家里一般是老婆做好饭打扫卫生，但在视频里，就有男人回到家勤快做家务、带孩子。这样的情景也会让人多关注一些。

（三）接地气的讨喜感

除了身边的亲戚朋友、同事带来的亲切感，还有一种接地气的讨喜类视频，这些人物普通，但由于接地气，也能讨人喜欢。比如某账号，口才很好，很拼很励志，很多人都说"看着看着就顺眼了"；某账号，口才也很好，讲述老公和自己的故事时，不仅幽默，还让人感同身受，既有笑点也有泪点。创作者们可以在视频中突出展示这种接地气的讨喜感，以良好的幽默感和口才征服观众。

四、补充完善账号信息

账号信息主要有账号主页和视频封面的展示。在账号主页，主要有名字、头像、背景、个人简介等内容，我们可以参考同行账号，学习同行的写法，从而完善自己的账号信息。

五、为人设打上标签

创作者可以对自己进行全方位的测评，看看自己适合哪一种账号形式。如果你是知识类专家人设，那么比较适合第一种，与人们拉开适当的差距。如果你是普通宝妈分享生活类的人设，那么比较适合第二种，可以拉近与人们的关系。如果你是搞怪讨喜类人设，你可以选择第三种，给人们营造愉悦的氛围。

但无论是哪种，都需要为自己的人设打上特定的标签，让人设更饱满，更富有特色。在打标签的时候，可以从装扮、衣着、语言、动作等方面加入特定的元素，比如某账号，独特颜色的头发，较重口音，这些都是人设独特的标签。

人设是一个人展现出来的特点，观众喜欢这个人，往往不是因为这个人有多完美多厉害，而是其身上有一种讨人喜欢的特质。那么，观众一般会喜欢什么样的人呢？必定是自律、乐观、积极、正能量、不卑不亢、越挫越勇的人。所以在打造人设的时候，我们要抓住这一点，将自己身上具有且讨人喜欢的特性显现出来。

例如：

某账号，一个为了未来努力奋斗并顺利逆袭的人，给人一种力量和鞭策，是我们前进的榜样。

某账号，自律且自信的女强人，又忙又美。自律是很多人想追求的状态，但经常无法做到，所以高度自律的人也是人们钦佩和喜爱的对象。

某账号，女孩呆萌、可爱、开朗、积极乐观，爸爸勤劳、善良、憨厚、疼爱妻子和女儿，妈妈和女儿在同一战线对付老爸。这样的情景剧为什么会讨喜呢？因为所有的人都希望有这样的一个爸爸，而女儿生活幸福快乐、无忧无虑，也是大家向往的。加上不确定性的捣乱搞怪因素，让视频有了矛盾冲突，更加吸引人们的眼球了。

某账号，职场打工人腼腆、爱笑、心灵手巧，总能够在关键时刻变着花样给大家做好吃的。能干、会做美食，人设讨人喜欢，且场景设在办公室，满足了职场人的猎奇心理。

第三节　抖音内容策划

明确定位之后，创作者需要对账号内容进行策划。一个账号火不火，除了个人的表现力外，还有极为关键的部分，那就是账号内容。对于剧情账号而言，内容就是视频的剧本；对于 Vlog 视频而言，内容就是旁白配字部分；对于口播账号而言，内容就是口播者读出来的文案。爆款内容是爆款视频的前提，下面介绍几种爆款内容的策划方法。

一、剧情类账号

剧情类账号如何通过演绎抓住观众的心？这是剧情类账号的关键所在，无论是搞笑类还是情感类剧情，都需要在短时间内吸引用户眼球，并通过紧凑的剧情留住观众。

开头要吸引眼球，中间要制造反转，结尾要意犹未尽。

开头主要是为了抓住观众，让观众在视频上停留。中间要制造爆点留下观众，一般而言，中间必定会有反转，没有反转的剧情吸引不到观众的眼球。结尾一般是剧情高潮之后的谢幕，给人意犹未尽的感觉。例如：

有一个视频开头：老公回来晚，看到地上放了一个键盘，生气地把键盘踢走了，还怪老婆"害他差点回不来"。

这样的场景就是一个矛盾冲突场景，引起人们的好奇，抓住观众的注意力。

中间爆点 1：回来晚，全是拜老婆所赐！今天吃饭 8 个人，谁都不愿意买单。不知道谁出的主意，打开老婆照片，让服务员来评，谁的老婆漂亮谁买单。服务员转了两圈，说男主人的老婆最好看。老婆一开始很生气，听到这话乐开了花。

中间爆点 2：尽管男主人被人夸老婆好看，但他一脸不高兴，老婆问他一顿饭吃了多少。男主人答"120"，女主人哈哈大笑，立刻掏出 200 元交给他。

结尾：女主人离开后，男主人边把钱放包里边偷偷看女主人，开心得手舞足蹈起来。

这个视频为什么火呢？因为它戳中了男同胞们的痛点，很多人外出吃饭回来晚一些，怕受到老婆的责骂，所以他们会想怎么和老婆说。而视频中的男主人抖机灵给大家做了一个示范，引起众人围观。视频里还有一个引发讨论的点，男主人 8 个人吃饭只用了 120 元钱，让观众都忍不住在评论区留言："到底怎么吃的，8 个人只花了 120 元？"

除了以事件推进为主线的剧情，还有以时间线和不同人员对比推进的剧情，通过不同场景的对比切换引起共鸣。

例如：某视频会把新柜员、老柜员、资深柜员面对同一个场景的不同展现出来，观察不同柜员面对存款的反应。此外，还会把同一个人面对不同人的表情管理表现出来，如银行柜员的表情管理，不同企业请假的区别，不同年代的推销等。

二、Vlog 账号

什么是 Vlog 呢？比较常见的解释是视频博客，也就是用视频的方式代替文字和想法来记录日常。Vlog 是观众和博主一起体验某件事情，有一定的参与感和临场感，引起观众的共鸣。

例如一个爆火的 Vlog 视频，用视频的形式展示了女生一个人回到家一般干什么：看电视、把头发箍起来，给猫准备好食物，卸妆、换睡衣、把头发盘起来、擦上保湿水、敷面膜、戴上眼镜吃饭、吃饱了追剧、打扫卫生，享受一个人的时间……

看起来很平淡的下班生活，但满足了不少人的好奇。这些人想知道，女孩子一个人在家都干什么。此外，目前年轻的独居女孩较多，视频的受众面广，可以引起共鸣。

再如一个视频《那些一起奋斗的小日子》，主要讲关于留学生活的。起床吃早餐、洗水果、冲维生素、收拾房间、喝水、开始学习、室友回来了、装个苹果进袋子、换好衣服、和室友一起去上学……

这个视频为什么点赞超过 100 万呢？主要是留学生活让人心生羡慕，看评论就知道了。

再如一个视频分享下班生活：把鞋盒改装成上下双层收纳盒、画油画、做奶茶冰粉、做收纳包……

心灵手巧的女孩把生活过得津津有味，让人羡慕不已，同时，人们还可以从中学到生活上的一些小技巧，这样的视频基本上都获得 10 多万的赞。

总结一下 Vlog 爆火的底层逻辑：一是分享的生活引发人们的共鸣，二是分享的视频让人向往，三是分享的视频能让人学到一定的小知识。

创作者在策划 Vlog 的时候，可以从上面几点出发，更容易让视频火爆。

三、口播类账号

口播类账号一般是知识类达人居多，爆火的口播短视频主要有三种：一种是分享意想不到的故事；一种是分享有用的干货；一种是说出了大家都想说的话。

例如某播主分享了一个故事，这个视频点赞率很高。我们一起来分析一下：

标题：我朋友用 100 万开除了陪他创业十年的老员工（故事标题＋数字，引起悬念）

关键词：友情、创业

结构：故事结果＋故事缘由＋讲道理

我朋友用 100 万开除了陪他创业 10 年的老员工。（故事结果开头：100 万、10 年、开除，有料有梗）上周我去朋友公司谈事儿，刚进公司门口看到了他。我开玩笑说，这次怎么让大领导过来了，是不是之前接待我的高管休假了？朋友却严肃地说，他被我开除了。我很诧异，我跟那名高管也算是相识很久的朋友。（故事开头，设下疑问，让读者看下去）因为朋友刚开始创业的时候，那个人和他一起到现在已经有 10 年了。很难想象一个从创业初期就跟着他的老员工竟然会被开除。朋友看着我惊讶的表情，带我去了他办公室，才把原因给说出来。（二次埋线引发好奇，进一步引导继续往下看）

一个月前，朋友公司聚餐，这名高管喝醉酒凑到朋友面前，拍着他的肩膀，当着公司全体员工的面半开玩笑地让朋友给他敬酒，还说没有自己就没有公司，扬言要是自己做领导，会让公司发展得更好。一番话让朋友很下不来台，朋友实在忍无可忍，第二天就让那名高管办了离职手续。朋友说，类似的事情不是第一次了，有一次开会讨论业务，轮到这名高管发言的时候，他言语中充满了轻蔑和不屑。还有一次越俎代庖替朋友代签并打开了他的一份快递文件。（进一步解释，故事合理化，满足读者好奇）

听朋友说完这些，我意识到这名高管错误地预估了他和朋友之间的关系。（一句话概括从故事得到的道理）其实两者之间的关系是由心理距离较远的一方决定的。这名高管认为自己跟领导一起创业 10 年，是他的好朋友、好哥们儿。但在领导的心里，他们之间一直是上下级和员工的关系，他最多是比较熟悉的老员工。你如何对待别人，并不代表别人也会用同样的方式来对待你。很多人在这一点上存在着误区。你觉得你俩是闺蜜，但实际上在对方眼里，你可能只是一个联络比较紧密的朋友而已。（跳出案例跟读者讲道理）基于这名高管从开始创业就进了公司，我朋友最后自己拿出了 100 万元安置费给了这名高管。你们觉得我朋友做

得对吗？（疑问结尾，引发互动）

　　用意想不到的故事结果开头，引发疑问，接着回答问题，然后通过案例阐述道理。"100万开除老员工"这个选题本身就带有话题性，因此很多人都感兴趣。最后说理部分，人际关系的不对等，你把人家当"闺蜜"，人家把你当普通朋友。具有一定的普适性，友情话题也容易引发共鸣。

　　总结口播短视频账号爆火的密码：设置悬念分享人们想听的故事，分享价值高并容易掌握的内容，直接说出大家心里想说的话。

第七章　如何打造不断吸粉的微信视频号和公众号

微信是人们常用的聊天工具，也是有副业思维的人需要重点关注的领域，本章主要为大家介绍微信视频号和公众号的打造方法。

第一节　如何打造优质视频号

微信视频号是记录和创作短视频内容的平台。如果你的微信好友较多，公众号做得也不错，那么视频号也不能错过，且越早运营越好。这里为大家介绍策划爆款视频号的技巧。

一、视频号特点及红利

微信视频号与抖音、快手、小红书等平台不同，具有自身的特点和优势，主要表现在以下几个方面：

（一）依托微信，用户量大

视频号依托微信打造，有微信 12 亿流量作为支撑，在初期推广上更加简单直接，且由于微信用户的实名制，微信视频号的粉丝更真实可靠，价值也更大。

（二）独特的"熟人"推荐方式

抖音的推广主要基于用户的喜好进行精准推送，点赞、评论、转发率、完播率越高，就越容易被推荐到更大的流量池，让优质的内容被更多人看到。快手的推荐则是去中心化，用去中心化的方式分布视频的流量，将流量更多平均分配到普通人群。微信视频号则更注重"熟人"推荐方式，首页分为"关注""朋友赞过""推荐"

三个视频入口，"朋友赞过"栏目，是微信视频号与抖音、快手等平台最大的差别。

（三）引流传播更方便

微信视频号在引流的时候可以直接在首页标明微信号，让粉丝直接加创作者的微信。此外，创作者还可以将视频号上的视频一键转发至微信朋友圈、微信群、好友等求赞，朋友直接点开就可以操作，比其他短视频平台更方便。

（四）用户群体无差别渗透

抖音的用户主要在一、二、三线城市，推广是在一定圈子的基础上传播发展的。但微信视频号不同，微信本身已经建立了从一线到四、五线城市甚至更大的圈子，拥有更为广泛的市场渗透。

二、视频号的获益渠道

明确了微信视频号的优势后，来了解一下获利路径。

（一）引流到公众号和微信

视频号上的粉丝可以直接引流到个人微信和微信公众号。引流到个人微信，可以通过朋友圈和社群进行营销转化。引流到公众号，可以通过公众号上的流量主、付费文章、广告等获益。

（二）知识付费

如果创作者打造了自己的品牌并拥有自己的知识付费产品，可以直接将课程上传到微信小商店，通过视频进行推广。同时，还可以在上面设置付费咨询专栏，用户下单之后就可以向你约时间接受知识付费咨询。

（三）广告

当创作者的视频号有了一定的粉丝量之后，就会有广告商找到你，要求在你的视频里插入广告。一般而言，广告费与粉丝量、播放量有关系，不同行业的报价也不同。

（四）直播带货

在视频号上，也可以进行直播带货。运营者可以通过视频号、公众号主页提醒以及视频、文章插入的预约按钮进行直播预约，通过预约，能够大大提高到场率，从而提高直播转化率。

（五）视频种草

除了直播带货，运营者还可以在视频进行好物"种草"，通过视频展现好物之后，在底部插入"点击购买视频同款商品"，点击进去就是公众号文章中的商品小程序，如果喜欢这个产品，就可以直接下单。

（六）引流到线下店铺

除了线上引流，视频号还可以通过视频分享将人气聚集到线下商铺。将线下商铺的视频发送到视频号，并且通过添加位置标签，吸引人们到线下店铺参与活动。

三、视频号的运营策划

在内容为主导的年代，想要把视频号做起来，必须对内容进行专业的策划，视频开头、正文、结尾是策划的重点。

（一）开头

开头要遵循 3 秒定律，也就是说，视频号开头的一句话必须牢牢抓住用户。如何牢牢抓住用户，让用户不离开呢？主要有下面几种方式：

1. 分享独特经历型

独特的经历会引起人们的好奇，吸引他们的眼球。

例如：2022 年，是我们夫妻俩一起旅行的第五年，飞行里程 84 万公里，点亮了中国 227 座城市。

2. 对号入座疑问型

分享一个大家都熟悉的场景，然后提出疑问。

例如：你说，真正喜欢你的人会忍住不找你吗？

有个直率型老公是什么感觉？

那个每天 6 点早起写作的女孩后来怎样了？

离一年结束还有 80 天，你年初定的目标完成了吗？

3. 前后对比型

对自己的生活或习惯进行前后对比，制造反差引起好奇。

例如：我花了很多年才学会"翻篇"的能力，就是不再与从前的人和事反复纠缠。

4. 说出心里话型

讲出自己的真心话，获得共情。

例如：以前我被误解的时候，我会总要想去解释，想尽一切办法去证明自己，但是现在我这么做了。

5. 揭秘爆料型

揭秘爆料，让人想一探究竟。

例如：大牌化妆品绝对不会告诉的秘密。

炸鸡店老板不会说的秘密。

一个月涨粉 10 万的秘密，今天毫无保留分享给你。

6. 引发好奇型

例如：我被餐厅工作人员上了一课。

我被闺蜜拉黑了。

（二）正文

根据开头的情况，进行道理、价值或者故事型阐述。

1. 说理型正文

正文用名人的案例进行说理，曾经辉煌过，也失意过，但都接受了，最终战胜了困难。时间的魅力在于接受不可改变的事，为能改变的事去努力。

2. 价值型正文

如某账号介绍埃隆·马斯克给年轻人的三个建议：第一，努力成为有用的人，去做对人类有价值的事，去做对世界有价值的事，虽然很难，不要为了成为领导去做事或者为了创业而创业，一般来说，不要抱着零和心态，努力为社会作出积极的贡献；第二，我鼓励人们阅读大量的书籍，基本上尽可能多地吸收信息，多和来自不同领域的人交谈，和不同行业、专业、技能的人交流，就像尝试新东西一样，尽可能多地学习；第三，去找到你的天赋和感兴趣的事重叠的部分。

正文直接用埃隆·马斯克给年轻人的三个建议"努力成为有用的人，鼓励大量阅读，找到天赋和感兴趣的事重叠部分"来说理。

3. 故事型正文

故事型正文要么是夹叙夹议说理，要么是用具有悬念的故事情节吸引读者。夹叙夹议型比较容易，讲完故事进行叙述议论即可，具有悬念的故事在讲述的时候需要一定的技巧。

（三）结尾

视频号的结尾可以参考本书抖音、小红书上介绍的结尾方法，对号入座创作即可。

四、新手运营视频号的技巧

由于视频号和其他短视频平台区别较大，新手在运营视频号的时候需要注意一些小技巧，掌握这些小技巧，能够让视频号快速活跃起来。

（一）精准定位展现自我

与其他平台一样，视频号也需要精确定位，如果运营者在其他平台上已经有了明确定位，只需要在视频号上重复一次定位即可。如果没有运营过视频账号，可以问自己三个问题"我是谁，我能为别人提供什么价值，别人为什么关注我，顾客为什么找我而不是别人"，多参考同行的视频账号，根据自己的特色明确账号定位。

（二）发布有价值内容

有价值的内容要么能够引起情感共鸣，要么教人一些打破认知的道理，要么积极正能量鼓舞人心，要么内容丰富。参考同行账号，收集 100 个以上爆款选题，并研究开头、正文、结尾，总结出经验规律，再在此基础上创作。

1. 主动分享进行冷启动

由于视频号的推荐机制，好友点赞是一个很重要的指标，所以做视频号的时候千万不要不好意思，可以主动分享到自己的学员群、朋友圈等，点赞率越高，视频被推荐的概率越大。

2. 视频同步分发

如果你之前已经在抖音、快手、小红书等平台运营过，一定会有不少数据比较好的视频作品，在允许的情况下你可以把这些数据较好的作品发布在视频号上。注意，是原视频，而不是带有水印的视频。用数据好的视频进行冷启动，效果会更好。

3. 封面整齐划一

视频号发布视频，同样会默认视频的第一个画面为封面，如果第一个画面并不美观，和其他视频风格不一致，我们需要提前拍一张好看的照片作为视频的封面图。封面图整齐划一，会给人美观大方的感觉，能够快速获得用户的信任。此外，视频背景和拍摄场景也要精心布置，符合人设定位，营造舒适的氛围。

4. 持续定时发布

视频号的运营最忌讳三天打鱼两天晒网，特别是多账号运营的达人，有时候往往会忘记将视频同步。在时间的选择上，7~9 点，12~13 点，18~20 点等时间段来发布作品收看率会相对高。

我们一起来总结一下视频号的运营原则：

（1）账号定位要精准，而不是眉毛胡子一把抓。

（2）内容确保有价值，要么有料，要么有感情，要么激励人。

（3）多分享多转发，既然决定入局，就要克服"玻璃心"。

（4）坚持发布，视频号不限制条数，有精力的可以一天发布 2~3 条，没精力的起码每天一条。

（5）真心做内容，精心布置场景，精心设计封面，展现好的视频效果，你的用心，观众能感受到。

第二节　如何打造有魅力公众号

微信公众号在前几年比较火，目前因短视频的冲击受到一定的影响，但由于微信公众号和微信相互关联，在盘活私域流量中有着一定的作用，因此打造个人品牌的人基本上都会运营自己的公众号。本节就来介绍如何打造有魅力的微信公众号。

一、打造公众号的必要性

打造微信公众号对于个人品牌而言，主要有以下好处。

（一）提高粉丝黏性

当我们在公域流量渠道发布短视频和文章之后，粉丝想进一步对我们进行了解，公众号就成了极好的场所。发布在公众号上的文章，凝聚着我们的观点和看法，比公域平台的内容更有深度，也更能引起粉丝共鸣。公众号就是我们的传声机，我们通过它发声，与粉丝建立联系，能进一步增强相互之间的感情。

（二）打通公域流量和私域流量的端口

很多时候，公域平台不允许留个人微信号，但公众号是可以留的，因此很多人都在个人主页上留下微信公众号，让粉丝去关注，通过微信公众号可以直接加私人微信。微信公众号是连接公域和私域之间的纽带，可以让粉丝从公域流量沉淀到私域流量池。

（三）作为产品发布大本营

打造个人品牌会有相应的知识付费产品，公众号上就可以发布相关知识付费的文案。有的公域平台也可以直接挂上知识付费类产品，但篇幅有限，并不能将个人品牌故事和产品情况深入介绍，因此公众号就为知识付费产品提供了良好的介绍平台。粉丝可以通过公众号平台对产品进行全方位的了解。

二、如何打造有魅力的公众号

先了解自己，再确定方向。如果确定不了，可以列出自己喜欢的所有类型，再列出目前最容易取得成果的类型，找两者之间的交集，以此确定一个自己喜欢又能出成效的方向。

（一）运营前期的准备工作

1. 起名

建议与自媒体平台的名字一样，简单好记，不用生僻字和中英文叠加。

2. 明确公众号风格

每个公众号都有自己的风格，或幽默搞笑或理性清醒或温暖治愈，运营者可以根据自己的性格特点和粉丝群体的年龄、性别、爱好等特征进行选择。如果粉丝群体偏年轻化，风格可以活泼可爱一些，语言可以轻快新潮。如果粉丝群体是中年偏多，文字可以适当温暖理性，让人看着舒适。如果不懂如何定风格，可以到公域平台关注同行留在首页的公众号，查看他们的文字风格，思考自己能写哪种，从而做好风格定位。

3. 明确公众号的内容定位

公众号的内容定位，就是每天发什么类型的文章。公众号上的文章一般有三种：一种是观点知识类，给人以启发或者知识指导；一种是情感文，抚慰人们的心灵；一种是新闻消息类，满足人们的猎奇心理。

一般而言，公众号发布的文章内容与在各大平台上发布的引流内容应保持一致。也就是说，如果在各大平台发布的是创业、副业相关的内容，公众号的文章也应发布这样的内容。如果在各大平台分享的是育儿心得，公众号文章也应和各大平台保持一致。

例如，运营者在知乎分享的是个人成长的内容，公众号的文章也和个人成长有关。

但这并不意味着你可以直接搬各大平台上的内容到公众号上，公众号的文章应该按照新媒体文章格式撰写，只有这样才能够吸引用户。

（二）公众号运营技巧

1. 做好内容运营

一个公众号有没有吸引力，内容很重要。要想做好内容，必须掌握必要的内容运营技巧。

（1）选题策划

选题是不是爆款直接决定了文章的打开率。那么如何策划公众号文章的选题呢？我们可以参考同类账号，将阅读量比较高的文章提取出来，归类放到一起，对这些选题进行研究和分析，拟出选题库。

此外，还可以养成每天到微博、头条号、抖音等平台查看热点的习惯，结合符合账号定位的热点进行选题策划，并快速成文。

（2）文章的撰写

新媒体文章一般 2 000~3 000 字，主要以故事＋观点的形式展现。一篇文章有一个总论点，每一个部分用小论点论证大观点。

例如，大观点：千万别让××感缺席孩子的童年。

分论点：××感，给孩子珍贵的童年回忆；

××感，让孩子充满自信和底气；

××感，为父母和孩子架起一座桥。

一般而言，分论点可以从原因、意义、风险等方面入手，对总论点进行剖析论证。就像上面的案例，通过意义进行论证。我们可以根据选题的具体情况进行针对性分析，拟出恰当的分论点。

明确分论点之后，就可以根据分论点有针对性地查找素材。阅读过公众号文章的人都知道，公众号文章里包含着不少故事、案例、理论。比如：名人名言、相关调查报告，心理学、管理学等理论，电影、电视剧、微视频、明星案例、日常案例等。

（3）漂亮的排版

公众号的排版一定要美观大方，才能让读者看着舒服，有时候，内容再好，排版混乱也会让人看不下去。在排版时有几点要注意：15 号字、16 号字都可以，

1.5～1.75 倍行距，两端缩进在 16mm 左右。推荐的编辑器主要有 135 编辑器、365 编辑器、秀米编辑器等。

（4）原创查询

文章写出来之后，要借助一些软件对文章原创度进行查询，确保原创度在 80% 以上。如果原创度不够，要对原创度不高的地方进行修改，确保原创度达标。

（5）分析文章

在文章发布之后，要在后台对数据进行分析，以便在后期写作的时候能够根据数据不断调整。此外，飞瓜数据、新榜、西瓜数据等平台都可以为文章提供数据支持，方便运营者分析。

2. 做好粉丝运营

除了公众号的文章内容，粉丝运营也是关键一环。如果没有粉丝关注，一篇文章发出来只有很少的阅读量，就难有强大的动力来运营公众号，因此，粉丝运营对公众号而言极为重要。这里给大家介绍几个实用的方法。

（1）多平台引流涨粉

通过在知乎、抖音、小红书、喜马拉雅等平台发布优质内容，引导用户关注公众号。不同的平台侧重点不同，知乎侧重于知识类和个人成长类的内容，抖音偏重娱乐性和新闻类内容，小红书侧重美妆和穿搭类内容，喜马拉雅是综合类语音平台。运营者可以以某平台为主，其他平台为辅，有侧重点地打造自媒体矩阵，通过自媒体矩阵给公众号引流。

（2）互推涨粉

互推涨粉就是找定位相似、粉丝量差不多的号主进行互推，从而达到粉丝互相关注的目的。互推适合粉丝达到一定体量，一般 5 000 粉丝以上比较好互推，粉丝量太低互推效果不太好。可以一对一互推，也可以几个号一起推，一对一互推一般是各自写好推荐自己的软文，然后到对方的账号发布。

（3）互动留粉

当粉丝达到一定的量之后，运营者要和粉丝多互动，和粉丝做朋友。互动留粉的方法主要有以下几种：

①送免费资料。免费资料要有一定的吸引力才能留住粉丝。怎样的内容才算

有吸引力呢？首先，资料必须用处比较大，是粉丝特别想要的。例如新媒体运营包、PPT 模板、副业免费课、500 个投稿邮箱、爆款文案类的电子书……这些都是大众比较喜欢的资料。运营者可以根据公众号的调性选择性地收集资料，上传至网盘，粉丝关注公众号之后回复关键词就能够领取。

②免费送书。比如邀请 3 个好友关注公众号即可获得赠书。如果运营者刚好有出书，就可以回购一部分，为公众号粉丝送福利，如果粉丝能到相关平台为书写书评，还可以拉他们进读书分享群，带着他们共读。如果运营者没有自己出书，也可以挑选比较受粉丝群体欢迎的畅销书，适当送出一部分，给粉丝送福利。

③设置粉丝抽奖活动。利用抽奖小程序直接在文末发动粉丝抽奖，让粉丝参与进来，中奖者直接凭借中奖截图加微信领取。如果想达到裂变效果，可以让获奖者邀请好友关注公众号之后兑换奖品。

④直接发红包。红包一直以来都是粉丝喜欢的方式。运营者在推送文章时就可以让粉丝通过红包口令领取红包。

三、公众号如何实现获利

当公众号粉丝量比较大的时候，如何实现最大程度的获利呢？

（一）接广告

我们经常可以看到粉丝量较大的公众号都会安排广告文章，一方面达到获利目的，另一方面可以为粉丝提供一定的优惠。在接广告的时候要注意，不能随便接，也不能天天都发广告，不然很容易引起粉丝反感。

（二）开店

通过开通小店、售卖自家商品或者别家商品赚取佣金的方式，达到获利的目的。

（三）知识付费

通过知识付费项目获收益，比较常见的有训练营和会员、知识星球等。

技能篇

　　无论在哪个年代，身怀一项技能，都非常重要。特别是在互联网时代，如果你在某方面有专长，就可以通过互联网这个杠杆让专长发挥 N 倍的作用。那么如何最大限度地把技能发展成一项副业，让自己的认知飞跃呢？本篇就为大家介绍具体的操作方法。

第八章 PPT 副业

看到这个标题，或许你会很好奇："PPT 不应该是每个职场人的必备技能吗，也能成为副业？"当然可以。PPT 虽然大部分人都能懂一点儿，但终归不够专业，大多是下载一个模板改改了事。把 PPT 做得足够专业的创作者往往能够脱颖而出，也能凭借自身的精湛技术获得额外的收益。

第一节 PPT 副业渠道

按照难易程度，从初级到高级发展 PPT 副业可以有以下种方式。

一、售卖 PPT 模板

对于新手而言，可以通过售卖自己制作的 PPT 模板获得收益。那么，如何将模板成功出售呢？在这里给大家介绍几个靠谱的网站。

（一）PPT STORE

PPT STORE 上的创作者收益较高，当然我们刚起步较难达到顶尖水平，但可以从零开始慢慢积累经验。要成为 PPT STORE 的原创作者，我们需要在注册之后将原创作品发送至指定邮箱，官方会进行审核，审核通过后会发送邀请码，有了邀请码就能申请。

（二）稻壳儿网

成为稻壳儿网的"设计师"同样需要申请通过。点击右上角用户头像，登录后进入个人中心，点击"成为设计师"。填写相关资料，上传 5 个以上原创作品，审核通过之后就可以在平台发布作品进行接单。

一般 20 页左右的 PPT 价格在 10 元到几十元不等。用户可以直接下单购买，也可以成为网站的会员后免费购买。无论是哪种方式，设计师都可以获得一定的报酬。

（三）演界网

成为演界网的原创作者，需要先开通店铺。用户注册之后点击"卖家中心"—"立即开店"填写有关信息，审核通过之后即可。

依靠平台上传作品，最大的好处是客源不需要自己找，只需要高质量完成 PPT 模板即可，上传后只要有人下载就能获得相应收益，制作一次就可以重复多次售卖，边际成本比较低。缺点就是一份 PPT 模板价格较低，平台也会收取相应的费用。

二、PPT 私人订制

当 PPT 制作的水平提高，在朋友、同事之间也形成一定的口碑，当他们需要制作质量较高的 PPT 时就会请我们为他们进行 PPT 的私人订制。此时，订制的价格就会相对提高，几百元至上千元不等。

如何迈出私人订制的第一步呢？可以将朋友圈的头像图设置为 PPT 相关内容，在朋友圈发布部分成品图和价格，让有需求的人找你订制。前几单的价格可以适当优惠，以人气为主，积累了一定的口碑之后再适当提高价格。有了一定的口碑订单，就可以通过转介绍的方式接到更多订单。此外，还可以设置一定的"集赞活动"免费领取 PPT 模板，成功领取者还能以八折优惠价格享受私人订制。总而言之，只要有第一波种子用户进来，就可以通过裂变的方式扩大用户面。

三、PPT 课程

PPT 课程适合专业水平比较高的人士。当你的技术积累到了一定的程度，即可到相关平台开设 PPT 课程进行教学。

（一）发布平台

此类课程可以发布在荔枝微课、网易云课堂、腾讯网课等平台，有人购买了课程即可提取资金到个人账户。

（二）课程内容

教学内容可以是 PPT 制作的入门技巧，根据实际情况分为四大部分内容：一是 PPT 制作前需要做的准备；二是 PPT 入门必备技能；三是不同类型 PPT 的制作方法，在这里，我们根据刚才在设计平台上看到的类型进行大致分类，如商务型、简约型、小清新型等；四是如何依靠 PPT 开拓副业。

以上只是一个例子，大家可以根据自身情况对课程进行调整设置，节数在 30 节以内即可。如果对课程框架还是没有概念，可以在以上提到的三大平台搜索 PPT 课程，参考已发布课程的目录可以给课程制作者一些灵感。当然，参考目录也只是参考，创作还是需要原创。

（三）课程定价

由于入门类课程没有一对一服务内容，因此在定价上不宜太高，一般在 99 元以内。此外，如果你目前流量匮乏，打算以入门课的形式让受众体验，体验感觉不错之后再进一步推出训练营，那么你的入门课价格就需要更低。门槛低有利于大众购买，从而提高训练营的转化率。

四、PPT 训练营

PPT 训练营是 PPT 课程的升级版，也就是除了课程外还可以组成社群的形式，对学员进行一对一教学。

1. 课程内容

训练营的课程和入门的课程有什么区别？入门课讲的是基础，训练营的课程讲的是进阶。入门课没讲透的点在训练营课程内会讲到位。学员通过进阶课程的学习，能够进一步掌握 PPT 制作的方法，因此课程内容更细致、系统。

2. 训练营定价和形式

训练营的定价在几百元到千元不等，刚开始训练营的价格建议几百元即可，可以参考同行的课程和服务内容进行定价。训练营一般以月为单位，以进阶课程为基础，加以一对一操作实战指导。

五、PPT 个人品牌

当课程和训练营在 PPT 领域有了一定的口碑，也可以以 PPT 领域为主打造 PPT 专业领域的个人品牌。个人品牌的打造有利于课程的销量，也有利于新课程的开发以及周边产品的打造。本书会专门介绍个人品牌的打造，在这里不做详细说明。

第二节　如何快速提升 PPT 制作技能

PPT 虽然是职场人经常用到的技能，但如果要以此发展副业还是需要系统学习，将这门技能锻炼到极致。那么如何进行系统学习呢？这里给大家介绍几种有效的方法。

一、学习相应知识

（一）参加训练营进行学习

找到行业内名气较大、口碑较好的课程进行系统学习，这个课程最好是训练营的形式，通过接受一对一指导实践迅速掌握技能。

（二）购买专业书籍进行学习

市面上有较多 PPT 技能方面的书籍，我们可以购买年份较新、口碑较好的书籍进行学习。书籍相对于课程而言，理论性更强、知识更系统。

（三）逐个掌握特定风格

当我们学习了通用知识并且掌握了相应技能后，就可以从细分领域入手进行专门学习。例如，商务风格是目前比较火的 PPT，那么我们就可以从商务风格入手，将这个领域学精。等这个领域的模板能够在平台获利后，再开始突击下一个领域。

二、持续实战

经过前期的学习我们基本掌握了 PPT 技能，掌握之后就要定期实践。实践的时候可以对照着上文提到的 3 个平台上比较热门的模板，从热门的模板找灵感进行创作。如果时间充足，每周可以针对细分领域创作 3 个以上作品。

三、对比反思

每月对上传平台的 PPT 进行定期对比反思，查看下载量较好的 PPT 和下载量较差的 PPT，总结好的 PPT 好在哪里，亮点在哪里，数据较差的 PPT 差在哪里，是风格没掌握还是图片不够契合主题或是整体构造不够协调？多拿自己的作品同优质作品进行对比，并进行反思，不断调整 PPT，直到数据不断变好。

第三节　私人订制 PPT 如何避坑

私人订制时，最让人头疼的就是反复修改，特别是临近定稿的时刻，对方要求大改，那种感觉真的一言难尽。有时候还会出现辛苦制作出来的 PPT 对方不认可，要求重做，不仅会耗费我们的心力也会给对方留下不好的印象，那么如何尽量避免这样的情况出现呢？

一、提前了解

制作之前了解对方喜欢的类型，可以多发几个样式给对方看，让对方选择其中一个样式的风格再进行下一步制作。

二、加强沟通

在制作过程中多与对方沟通，进一步了解对方的喜好，及时调整细节以免大改。

三、解释到位

多从专业角度给对方一些建议，解释如此操作的原因。当对方要求大改的时候，放平心态，了解大改的原因。如果大改会影响风格和效果，就要去思考有没有替代方案，如果有，请耐心地从专业角度和对方沟通。

第九章　绘画副业

现如今，动画、绘本、影视、漫画、游戏美宣、广告等众多领域都需要插画，绘画市场越来越大，需求也会不断攀升。相信不少人知道画画能够作为一项副业，但很多新手会有这样的疑惑："没成为大师，能靠绘画获利吗？""感觉自己画得还可以，却无人问津？""现在技术那么发达，画画还有收益吗？"本章为你介绍，如何拥有绘画方面的副业思维。

第一节　开启绘画副业的四种渠道

一、平台接单

与 PPT 一样，绘画也有一定的平台适合接单。下面给大家介绍几个绘画接单平台。

（一）米画师

米画师上的作品以卡通动漫人物为主。搜索"米画师"网站进行用户注册，点击"我是画师"，根据提示提交 4 张质量较高的作品并申请画师认证，认证通过之后即可发布作品。

（二）插画中国

插画中国里汇聚了很多优质绘画师，企业如果有绘画方面的需求会在这里发布信息。点击注册成为会员，创建自己的画廊，即可将作品上传。

点击"上传作品"，如果已经有商用作品则选择"是"。

通过介绍自己的绘画专长，展示绘画作品等形式让甲方看到并主动联系我们。

点击"插画师招聘约稿"可以看到各种甲方企业的约稿条件和酬劳,我们可以用回帖的形式展示个人作品进行应聘。

(三)站酷网

站酷网是中国设计师互动平台,2006年8月成立,聚集了众多设计师、摄影师、插画师、艺术家、创意人。

注册之后即可完善个人信息,在主页里留下联系方式以便甲方联系我们。点击上传作品,即可将自己的作品上传、展示,作品是我们的门面,将最好的作品上传,能够提升甲方对我们的好感。

此外,站酷网还经常举办各式各样的创作活动,奖金不菲。点击"活动"即可看到目前进行的活动,点击相应活动主页,就可以看到活动要求和奖金情况,我们可以选择自己感兴趣的活动参与其中。

(四)涂鸦王国

涂鸦王国是插画师云集的网站,通过注册、申请入驻后可以将作品上传到平台进行售卖。

除了可以直接上传作品进行售卖,平台也会组织各种活动,点击活动比赛,即可看到目前正在进行的活动。对于新手而言,参与活动是检验作品的一种方式,假如有条件,尽量参与。

二、绘画定制

绘画定制就是根据甲方的要求进行一定的绘画创作。除了从刚才介绍的平台上寻求甲方合作机会外,我们还可以将作品或者创作过程发布在自媒体平台,提高自身的知名度。

例如,抖音上的几位插画师,通过上传绘画成品、绘画技巧、绘画过程等视频吸引了众多粉丝。甲方看到了这些作品后,如果觉得风格契合就会联系他们进行合作。

此外,我们还可以打造一个自己的公众号,在上面上传自己的作品和个人介绍,通过发文的方式增加自己的曝光度。

除了在公域平台发布作品，还需要在朋友圈发布作品。例如发布合作成品图、最近的创作图、自己创作的日常、学习日常等来展示自己的专业度，让有需要的人记住你，有这方面需求的人会直接来找你。

三、兼职教师

不少人从小就对画画感兴趣，当画画技术达到一定水平、作品也得到了一定认可后，就会有不少人希望能教教他们，这就是兼职绘画教师。兼职绘画教师是一对一辅导的方式，一般而言，有两种形式：一种以时间为限，如收取一个月、半年、一年的私教费用；一种是以学员熟悉掌握技能为基准。第一种形式相对比较灵活，但费用会低一些；第二种形式费用高一些，但要求高。我们可以根据对方的绘画基础、时间空余情况、自律情况进行选择，可以参考同行的定价。

四、线上线下训练营

训练营的形式目前比较常见，主要以介绍绘画技能为主。训练营一般分为入门、初阶、高阶三种。

入门课主要作用是引流，一般是 3 天左右，将最基础、最具实操性、互动性较强的部分提取出来，让学员进行体验，体验效果好再报下一阶段的课程。由于入门课是引流课，因此价格比较低，对于新手而言，10 元以内即可。

入门课可以根据不同主题进行设置，如治愈系场景、PS 入门课、零基础配色、人物角色入门、古风入门课等。

初阶课程一般是打基础，以基础理论为主，价格在几百元不等。初阶课程在打基础的同时可配备作品一对一点评，如一个月点评 6 次。

高阶课程是针对不同风格、不同种类的绘画进行系列授课，可以单独出售也可以打包出售。与初阶课程不同，高阶课程重在作品一对一指导和点评，价格也会更高，一般在 1 000 元以上。

第二节　如何快速学习绘画技能

由于绘画实操性较强，书本上的知识只能作为打基础的一部分，真正的实操还是要跟着专业的老师进行学习。

一、向有结果的老师学习

如何找到靠谱的绘画课程？例如，前文提到的插画中国网站就有专门的绘画课程，绘画老师也是经验丰富、从业多年的老师，我们可以根据自身经济条件进行报班学习。除了从上文提到的几个网站里找课程，还可以从自媒体平台查找课程，例如，抖音上的几位插画师，橱窗内都有相应的课程，我们可以先报入门课体验一番，觉得不错再进一步学习。此外，B站上还有UP主会免费分享详细的绘画课程，打基础阶段可以在B站学习。

二、攻克细分领域

绘画的种类多，作为新手，将基础打牢之后可以专门针对某一类别进行精准学习。例如风景画、人物画、儿童画、商业画、古典造型、现代造型等，从简单的类型入手慢慢过渡到难度较大的类型。

当我们不知道选哪个细分领域时，可以从自己喜欢的插画师入手，选择自己喜欢的风格进行练习。练习阶段是孤独的，也是痛苦的，从自己感兴趣的内容和风格入手，能够在想放弃的时候咬牙坚持下去。

三、时刻保持灵感

与其他技能不同，绘画需要源源不断的创作灵感和丰富的想象力，因此，时刻保持对生活的热情、拥有一双发现美的眼睛尤其重要。如何保持灵感呢？一方面可以进行跨界学习，广阅读、多旅行；另一方面可以多与画师进行交流，在聊天中迸发思维火花，同时多观察学习其他插画师的作品，总结亮点。此外，多进行艺术熏陶也能提升灵感，例如 Pinterest 设计网站里就有很多设计师的作品和图片，每天看 10 分钟可以提高我们创作的敏感度，激发新的创意。

　　凡·高曾说："我梦想着绘画，我画着我的梦想。"让我们在梦想中与画为伴，坚毅前行。

第十章　写作副业

"我没有基础可以写作吗？""我文凭不高，可以写作吗？""我没有丰富阅历可以写作吗？""写东西没有文采，可以写作吗？"这是笔者经常被问到的问题。

其实，在新媒体日益发达的今天，人们更倾向阅读比较接地气的文章，特别是公众号和各大平台上的文章。因此，零基础人员也不需要太过担心，只要用心学、用心写，还是能够掌握一定写作技巧的。

第一节　开拓写作副业的渠道

一、投稿

很多平台会和作者长期约稿，有的约稿是 2 000 元一篇，有的是几百元一篇，具体要看投稿的质量。如果作为写作新手，可以试试这种方式。

好处一：在和大平台合作中，可以提升写作水平。

好处二：通过投稿，可以判断作品接受程度。

好处三：投稿质量高的话，有可能成为该平台的签约作者。

网上投稿成了许多人投稿的一种方式，投稿的类型也多种多样，包含情感文、剧本、段子、软文等，形式不同价格也会不同，从一篇几十元到上千元不等，有的一些书稿的价格可能会高达 2 000～5 000 元。

二、网络小说

在互联网日益发达的今天，网络小说也较为流行，且市场越来越庞大，2022 年，我国阅读网络文学的用户规模达到 4.92 亿人。

比较有名的网络小说作家，一年的版税甚至可达几千万元。当然，对于普通作者来说，要达到这样的程度有一定的难度，但我们如果对写作有一定的兴趣，可以作为副业来发展，慢慢成长，未来会有很大前景。笔者身边就有这样的人，利用下班时间写网络小说，持续坚持了几年，稿费也有几十万元。

网络小说有一定的写作平台，如起点中文网、纵横中文网、创世纪中文网等，不同网站有不同的风格。

作为新手作者，我们可以先对各大网站的风格进行了解，选择一些对新手比较友好的网站进行注册创作，当取得一定的成绩之后，就有机会和网站签约，成为签约作者，只要保持日更，收入就会相对稳定。

三、写作咨询

写作咨询是当我们取得一定成绩和经验之后，为新手作者答疑解惑，并收取一定的费用。知名平台"在行"就为行家提供一对一付费咨询，价格在几十元到几百元之间不等。同时，知乎也可以进行付费咨询。此外，也可以在朋友圈发布相关海报，为微信好友提供咨询服务。

写作咨询的内容可以涉及如何写爆款文章、如何快速写作入门、如何写作投稿、如何打造写作品牌、如何出版图书等，将自己擅长又能为受众提供精准价值的内容呈现出来，可以提高咨询的频次。

四、写作课程

与付费咨询不同，写作课程是将写作的方法用音频、视频的方式呈现出来，让受众通过学习能够快速掌握一定的写作技巧，从而获得一定的收益。

如何进行课程设计呢？主要分为以下步骤：

（一）定大纲

例如，要打造一门写作副业课，那么课程大纲可以这样设置：

为什么你写的东西没人看？爆款选题底层逻辑全揭秘。

一篇 2 000 字的公众号文章如何写？ 4 个步骤让你从 0 到 1 轻松掌握。

傻傻不懂分析？手把手教你用拆解公众号、知乎、头条、小红书平台的爆款内容。

今日头条的"微头条"怎么写？一个月涨粉 10 万。

爆款短视频文案的选题、结构、金句。

商业长文案如何写？

4 招教你打造有温度被人喜欢的朋友圈。

网络小说如何写？ 5 招教你入门。

火遍全网的剧本杀创作如何列大纲？

如何利用 3 大品牌故事打造爆款品牌？

这是大纲的粗略内容，里面的每个部分还可以进行着重细分。比如，公众号里的文章可以从选题、结构、素材、大纲、开头、故事、结尾等方面展开，把课程再细化。一般而言，入门课着重打基础，内容简单容易学习，点到为止，每节课在 15 分钟以内。

在进阶课的时候，我们就可以进行系列化课程打造，例如公众号写作系列、平台写作系列（今日头条、知乎、小红书等），网络小说写作系列，剧本杀写作系列，写作个人品牌系列，文案写作系列，每一个系列里又可以进行具体的课程划分。进阶课内容要有一定的体系和深度，因此课程内容案例要足够丰富，针对性要更强。

（二）撰写逐字稿

明确了写作课的内容，下一步就是进行逐字稿的撰写。在撰写逐字稿的时候，我们要注意逐字稿的格式，一般分为开头、正文、结尾三大部分。开头一般是固定语句＋主题的形式，比如：人人都能学会的写作课，让你月入 5 000+，大家好我是×××，今天我们一起来学习×××。结尾也是如此，一般是先简单总结今天课程的内容，再加一句结束语。正文一般根据课程内容进行分层次讲解，并且每个部分都要加上通俗易懂的案例，让听众听得懂。语言形式上，逐字稿要结合大众特点，用通俗易懂的语言进行呈现，而不是文绉绉的书面语。

（三）PPT 制作

完成逐字稿之后，我们就可以进行 PPT 制作，如果 PPT 水平不错，可以自行制作；如果对 PPT 并不擅长，也可以将文档内容制作好交给别人代为制作。

PPT 的制作要注意三点：一是确定主题颜色。主题颜色也是我们往后打造个人品牌时候需要注意的，一般而言，主题颜色定了之后就不要轻易更换。例如，我们定的主题颜色是橙色，那么我们的课程 PPT、海报等都要以橙色为主色，这样做的目的是前后统一，容易让受众记住。二是确定 PPT 的风格，一般而言，PPT风格主要根据课程内容而定，写作等知识类的课程，主要以商业风格为主，简单大方、中规中矩。三是确定整体的排版。整体排版要简明扼要、逻辑清晰、主次分明，PPT 的字数不宜过多，不能将逐字稿上的内容都复制上来，应该挑出大标题和小标题以及其中的一些案例进行呈现，让学员看了一目了然。

（四）课程录制

制作好 PPT 后我们就可以进行课程录制，课程分为录播课和直播课。录播课就是提前将课程以音频或者视频的方式录制好之后上传平台。直播课就是现场直播，现场上课，与学员现场互动。一般而言，直播课效果要比录播课好，特别是知识付费竞争白炽化时期，在课程的选择上最好用视频的形式呈现，并且采用现场直播的形式进行课程分享。

五、图书出版

图书出版是资深作者打造个人品牌、提高名气，并获得一定收入的一种方式。

图书出版对作者的写作功底要求较高，当作者的写作水平和专业性达到一定高度后，我们可以就某一主题列出大纲，并撰写几千字的样稿，与出版社取得联系，咨询沟通出书事宜。

第二节　写作如何快速入门

无论是投稿还是写小说、开课、出书，都需要具备一定的写作技巧，那么作为新手要如何快速写作入门呢？

一、确定写作类型

你可以根据自身情况对写作领域进行选择，如果没有任何写作基础，建议选择能快速反馈的公众号文章。公众号文章一篇字数在 2 000 字左右，且收稿平台多，完成之后就可以进行投稿。如果编辑觉得文章还不错，就会在邮件上回复你，商讨写作的事宜。

二、定期拆文

无论你选择什么类型的写作，想要快速掌握写作技巧，最好的路径就是对已经被认可的作品进行拆解。假如你选择的是公众号文章投稿，可以对所要投稿的公众号往期文章进行拆解分析，从选题到结构到素材再到金句等进行全方位解析，直到你对文章有一定的了解为止。假如你选择的是网络小说写作，有空就看爆款作品，了解爆款作品的选题、脉络、看点、故事刻画法等，对你的创作也会有很大的帮助。

三、边写边改

当我们有针对性地进行了大量拆解之后，就可以根据自己总结出来的经验进行初稿的撰写。初稿完成后，对照要求进行修改，直到满意为止。当我们遇到写到一半没有灵感了，很容易弃稿。这时候，可以通过回顾找灵感，多看多拆，灵感就来了。

四、反思总结

每周、每月对这段时间写完的文章进行反思总结，已经上稿的文章好在哪里？选题有什么特点？共鸣点在哪里？对不上稿的文章进行反思，为什么不上稿？是选题太平淡还是案例太旧或者是结构不够清晰？定期对文章进行反思总结，进一步调整方向，可以最大程度提升自己的写作水平。

第三节　如何长期坚持写作

写作想要取得一定的成绩，不是一蹴而就的，而要坚持"长期作战"。但写作是一个脑力活，想长期坚持并不容易，在这里，给大家提供几点小技巧。

一、定目标

制定写作目标并加以细化可以让写作变得更有目的性。目标又分长期目标和短期目标，对于新手而言，如果是写新媒体文章，可以先定一个月的目标，比如一个月写 4 篇，至少有一篇上稿。如果是主题稿，一个月练习一篇，3 个月内至少上稿一篇。如果是网络小说，则以每天定期更新作为小目标来坚持。

二、定数量

每天给自己定一个容易达到的写作目标，比如 100 字，可以是自己的生活感想，也可以是对案例的理解和看法，还可以是感恩日记、复盘日记等，保持每天动笔的好习惯，让头脑处于输出状态，坚持下来就没那么难了。

三、找盟友

一个人孤军奋战进行写作，热情容易被消磨殆尽，如果能够抱团成长，互相鞭策和鼓励，写作之路也就没有那么枯燥难熬。因此，与志同道合的朋友一起组成写作小组，养成每天打卡的好习惯，相互监督促进，让写作之路越走越远。

四、积素材

对于写作而言，积累素材也是比较重要的工作。特别是对于新媒体写作来说，素材更是重中之重。要每天养成积累 10 个素材的好习惯，分门别类收集好。真正写作的时候，就不需要花费大量的时间去搜索，写文章的难度也没那么大了。

五、管时间

很多时候，我们之所以坚持不下去是因为写作时间没有安排好。这时候，做好写作时间安排就很重要了。比如三天要完成一篇新媒体文，第一天用一个小时列好大纲找好素材，第二天用两个小时写好初稿，第三天花一个小时修改。把写作任务分解，然后每天安排好相应的时间。有了时间保障，任务才能如期完成。当一个又一个任务如期完成，有了成就感，坚持就不再是难事。

第十一章　声音副业

就目前而言，信息传播主要依靠三种形式：文字、声音、视频。声音作为其中的一种传播载体，虽然比不上视频那么火，但仍有较大的市场。如果你正好是播音主持专业的学生或者声音条件还不错，可以尝试开启声音副业。

第一节　开启声音副业的形式

一、通过平台获益

（一）喜马拉雅

喜马拉雅平台是国内知名的音频分享平台，汇集了有声小说、有声读物、有声书、FM 电台、儿童睡前故事、相声小品等。喜马拉雅主要有九种获利方式：

1. 打赏、广告收益

上传音频需要进行实名认证，实名认证后就可以开通打赏功能和广告功能，用户可以给喜欢的主播打赏。此外，在线加入喜马广告共赢计划，还可以获取贴片广告分成，粉丝量和制作的声音内容播放量越高，获得广告分成的机会就越多。

2. 直播收益

加入喜马音频直播，开通打赏功能，在直播过程中如果粉丝觉得内容不错，也会有相应的直播打赏。

3. 蜜声任务平台

当在站内拥有一定的粉丝基础，并且能熟练制作音频节目进行商业内容创作，如专栏课程、版权书籍等，就可以申请开通蜜声平台承接商业订单，获取广告收益。

4.A+ 有声制作平台试音

当我们达到相应等级之后就可以加入喜马拉雅 A+ 有声制作平台，获得平台版权书籍、配音订单等录制机会，从而获得付费佣金、付费作品分成。

5. 平台签约主播

当我们录制的内容质量不错、有一定发展潜力的时候，就有机会收到平台的邀约成为签约主播，获得流量扶持和平台薪酬。

6. 电商带货

当达到相应等级要求的时候，可以开通电商功能，通过电商带货获得一定的佣金。

7. 内容付费

对于内容生产能力强的主播，可以创建自己的专辑，分享专业知识，比如写作、理财、时间管理等，听众购买了我们的专辑就能获得一定的收入。

8. 知识大使

通过分享喜马拉雅上的付费课程获得一定的佣金。

9. 引流到后端获利

通过发布高质量音频内容涨粉后将粉丝引流到私域，从而进行后端知识付费获利。

（二）今日头条

在今日头条上传原创内容的音频也可以获得一定的收入，播放量越高，收益越多。

（三）网易云音乐

在网易云音乐平台，可以通过上传自己的音频进行人气积累，当达到一定水平之后即可进行声音达人认证，认证通过后可以获得流量扶持、现金奖励、全勤奖励、活动绿色通道、独家签约等权益。

（四）其他平台

懒人听书、畅读有声化、蜻蜓 FM 等都有主播招募，申请通过后即可通过接任务获利。

二、开设声音课程

开发属于自己的声音课程，售卖课程可以获得一定的收益。目前声音副业类课程比较多，因此我们在设置课程的时候要进行差异化教学。在入门课时可以介绍基本的发音技巧和声音相关的渠道，在进阶课时可以针对不同的领域分类教学，如目前比较受欢迎的情感故事、个人成长、历史故事、健康养生、搞笑段子等，根据不同内容的不同风格进行教学。通过一对一指导操作，让学员快速掌握发音技巧和获利渠道。

三、打造个人品牌

在平台上传音频作品，输出自己的所得或者专业知识，也可以在各大短视频平台分享依靠声音获得收益的经验，得到受众的认可后就可以有意识打造个人品牌。我有一个朋友是主持人，辞职后在各大平台发布音频、视频作品，收获了一大批粉丝，打造个人品牌后不仅开通课程和培训，还通过直播带货获得了一定收益。

第二节　零基础如何快速入门

一、发音基本功学习

可以购买专业书籍学习发音技巧，也可以购买专业播音主持的发音基础课进行学习，边学边练习，主要有呼吸练习、气息练习、肌肉练习、语感练习、戏感练习、表演练习等，此外还有普通话专业训练。

二、利用配音 App 练习

当我们的发音和普通话学习到一定程度后就可以进行专业配音练习，可以下载配音 App 练习配音、上传音频，根据反馈及时进行调整。新手练习需要每天进行，保持一定的发音状态。

三、对照学习调整

当发音基本功练习得差不多时，即可进行针对性领域关注，找一个感兴趣或者能驾驭的领域进行对标学习，到上面提到的几个平台查找该领域人气较高的主播，多听他们发布的作品内容，对自己的发音进行对比调整，并思考 "内容好在哪里" "为听众带来了什么" "听众为什么喜欢" "假如我来输出这个领域的内容该怎么做"，多参考并策划自己的音频专辑内容。做好受众分析、市场分析、产品分析等前期策划，为后期上传自己的音频专辑打下基础。

第三节　开启声音副业需要注意的事项

一、定位要精准

无论我们采取哪种方式，都需要有明确定位，特别是在入驻平台之后，如果定位不明确，平台推送的粉丝就不精准，就难以转化。经过对平台的分析，以下几个定位是比较受欢迎的，我们可以进行对比参考：情感、娱乐、商业、创业、音乐、故事等。我们可以结合自身的兴趣爱好和特长选择一个擅长的领域进行深耕。

二、主题要明确

创作者在上传作品的时候，一般是一期一期上传，如果每一期的主题不明确，听众无法对号入座，作品就不温不火。给每一期的作品安上亮眼的标题，明确音频的价值，比如 "专治各种不开心" "婚姻之道" "科学育儿 30 解" 等，可以快速吸引用户注意，引爆音频。

三、封面和标题要出彩

与其他作品一样，封面是作品的门面担当，因此要把封面制作好，用上符合作品内容的高清图片，让人一看就被吸引到。此外，还要配上引人入胜的爆款标题，3 秒钟抓住用户的心。

四、内容要做爆款

参考同类型账号中的爆款音频，收集爆款选题、爆款目录。参照在知乎、头条上的做法去拆解音频内容，不断积累、摸索、改进，从而策划出属于自己的爆款内容。千万不能想发什么就发什么，要提前策划，才能赢得粉丝。

五、发音要美化

持续美化发音是关键，如果普通话不标准，声音还很难听，内容再好也无法吸引读者。因此，要根据上面所说的方法进行持续美化发音，每天强化练习，规范普通话，让自己的声音听起来舒适，听众才不会反感。

六、互动要到位

建一个听众群，多和听众互动，多听取听众的意见建议，并在音频中进行改进。此外，要多和学员保持良好的联系，不断改进服务，让学员取得更大的进步。

第十二章 读书副业

近年来，随着听书的逐渐盛行，相关的产业也发展起来了。依靠读书开拓副业也成为很多人的选择。

第一节 读书副业的获利渠道

一、写书评、讲书稿、拆书稿

（一）写书评

书评就是介绍书籍并评论的文章。读完书之后写成书评可以给读书平台投稿，每个平台的稿费标准不一样，樊登读书会、十点读书等是比较成熟的平台，稿费也相对较高，作者也相对饱和，新手可以从新的读书平台入手，研究平台的调性和稿件风格，按照平台的属性进行对接投稿。当我们持续为平台供稿后，编辑有约稿需求也会直接联系。

除了投稿外，我们还可以把书评发到头条号、百家号、网易号等平台，如果书评质量高、阅读量大，也能获得平台奖励的收益。我身边就有作者将书评发布头条号后每天获得 200～600 元的收益。

投稿的好处是只要稿件被采用就能获得稿费；坏处是一锤子买卖，不具有长期效益。将书评发布至自媒体平台的好处是稿件可以不断被推送，具有持续性；坏处是受制于平台阅读量，收入不稳定。

（二）拆书稿、讲书稿

写拆书稿和讲书稿也能获得一定的稿费，前几年这个市场很火，稿费也是一篇上千元到几千元不等，近年来收稿平台作者比较饱和，稿费也没有那么高了，有作者接某平台约稿，稿费大约千字百元。虽然稿费大不如前，但对于爱读书的人来说，读完之后写成稿件不仅能够加深对内容的认识，还能获得一定收益，这也是不错的选择。

拆书稿和讲书稿的写法不同，拆书稿是将一本书分成几部分。每部分几千字不等，每部分主题也不一样。讲书稿就是用一篇几千字的文章讲清楚书的核心内容。

二、读书博主

相对于投稿，读书博主就是做属于自己的小事业了，长期深耕，更有前途。小红书上就有很多读书博主，通过分享书本里的知识积累一定的粉丝，从而获取一定收益。读书博主主要的获利方式有：

（一）免费获得样书

当我们持续分享读书后会有出版社寄来样书，只需要发布笔记推广这本书即可。对于新手而言，前期可以适当发布，既能锻炼自己还能免费获得正版图书，省下不少买书的钱。

（二）接推书广告

当我们持续发布读书笔记时，粉丝渐渐多了起来，就会有出版社找我们推书，每成功出售一本书就能获得一定的佣金。此外，发布推书笔记和推书视频的广告，商家直接付广告费。

除了可以在小红书发布相关笔记和视频，我们制作出来的读书视频还可以一键分发到其他平台，享受多平台的流量。

三、打造个人品牌

当我们在多平台积累了一定人气之后，就可以打造个人品牌通过知识付费的方式获得收益，常见的方式有读书会和读书社群。

读书会就是一年挑选几十本书，解读之后录成音频方便他人学习。十点读书、樊登读书都是这样的形式。当然作为新手，可以挑选一些细分领域的书进行分享，不追求面面俱到，反而更有吸引力。

读书社群与读书会不一样，读书社群有互动和监督作用。要求学员每天共读一本书，打卡输出读书笔记，发表对书本的看法等。

读书社群相对于读书会而言更有约束力，需要花费的时间精力会更多，因此收费也会更高。

第二节　如何快速读懂一本书

经过上面的介绍，我们都知道，利用读书开启副业主要建立在读懂书并且有所领悟的基础上，那么我们如何快速读懂一本书呢？这里给大家介绍几种比较好的读书方法，方便我们快速写出高质量的拆书稿、讲书稿。

一、掌握正确的阅读习惯

大多数人在阅读的时候比较习惯从左到右一个字一个字地读，想要快速阅读，就要养成从上到下阅读的习惯。阅读的时候，嘴巴不发出声音，更不能用手指着书本一行一行慢慢读，这样的阅读方式会严重拖慢阅读进度。此外，在看书的时候还会经常回过头来反复看，一开始难以避免，但我们要有意识地锻炼自己一次过的习惯。

二、掌握框架和精髓

想要快速阅读一本书，就要对全书的结构和内容梗概有基本了解。迅速浏览书的封面、封底、作者简介、目录等相关信息，然后开始看正文。看正文的时候着重看小标题以及每段的中心句，将好的观点画线标明。看完之后可以列一个思维导图，将中心思想以及每部分如何阐述进行系统梳理，加深对整本书的印象。

三、学会写读书笔记

写读书笔记的目的是加深对一本书的印象，并且能较好地将书本中的精华知识迁移运用到日常生活中。笔记的内容包括作者的重要观点、精彩句子，对书中观点的认识以及别人对书本观点的论述。

想要把一本书读深读透，我们可以经常问自己四个问题："整体来说，这本书到底在谈些什么？""作者具体说了什么，怎么说的？""这本书说得有道理吗，是全部有道理还是部分有道理？""这本书跟你有什么关系？"通过不断提问，带着问题思考，可以提升我们的理解能力和思辨能力，真正将书本的知识内化于心、外化于行动。

第三节　开启读书副业应注意的事项

无论是哪一种形式的读书副业，都建立在精准理解、快速输出的基础上，要实现精准理解、快速输出，必须注意以下几点。

一、注意素材积累

读书副业归根结底就是从输入到输出的过程，想要将一本书用自己的话表述出来，并运用生活中的案例讲述书中的观点，在日常生活中就要注意素材的积累。素材包含哪些方面呢？一方面是名人经典故事，另一方面是脍炙人口的经典句子。我们可以在印象笔记 App 里建立专门的素材库，平时看到有好的案例、句子就可以往里面添加，久而久之，素材库的内容也会越来越丰富。

二、注意时间管理

既然是一门副业，注定了我们不能将一整天的时间放在上面，因此，做好时间管理十分重要。每天列待办清单，将读书页数和时间列进去。看书的时候如果担心自己不够专注，可以用手机调几个番茄钟进行倒计时，通过这种方式实现自我监督的目的。此外，我们还可以借助微习惯的魔力，每天摘抄几个好句子，不轻易中断，每天的微习惯不仅能够让我们在无形之中积累很多知识，还能提高自控力，让阅读和输出成为习惯。

三、注意每天动笔

对于写拆书稿、讲书稿、书评的人来说，如果之前没有写过，可以每天进行针对性的写作训练。前期可以先进行简单的日记写作，想到什么就写什么，养成用指尖"思考"的习惯。当坚持了一段时间，对写作有感觉了，可以写读书心得，将自己读书的感想写下来。有的人喜欢看书，但一谈到写作就退缩，只读不写对于初学者来说是难以获得收益的，因此要重视写作，就算觉得难，也要从几十字、几百字写起，每天坚持去写，写顺手之后再进行专门的学习和练习。

四、注意刻意练习

在投稿阶段，需要进行拆书稿、讲书稿的练习。可以直接关注公众号等征集稿件的平台，后台回复投稿，即可获取投稿要求和编辑信息，根据征稿要求进行刻意练习。如果平台上有发布相关书评文章，也可以收集起来进行拆解。从主题、结构、提升等多方面进行分析，争取每天分析一次，每周根据分析结果撰写书评，并对照要求不断修改。

腹有诗书气自华，读书不仅能够陶冶情操，也能培养气质、提升眼界和修养。在读书之后顺便获得一定收入，获得物质和精神双丰收，让阅读成为美好习惯，成为我们一生的底气！

运营篇

　　当副业发展到一定程度的时候，想要取得更好的效果，一定要有运营思维，只有从整体上进行谋划和运营，才能在副业的道路上越走越稳。本篇主要介绍副业中的运营思维，让我们副业的效果成倍扩大。

第十三章　引爆个人品牌

商品有自己的品牌，个人也有品牌。商品品牌从商品反映出来，商品质量好、口碑好、体验好，品牌就容易火。个人品牌从个人的特性反映出来，个人特质讨喜、人品好、给人以正能量，影响力就好，那么这个人就更容易得到大众的信任，所销售或代言的产品也更能得到消费者的喜欢。在自媒体火爆的时代，每个人都是自己的发声机，快速引爆个人品牌是开启副业的加速器。

第一节　个人品牌的打造心法

一、为什么要打造个人品牌

个人品牌是指个人拥有的外在形象和内在涵养所传递的独特、鲜明、确定、易被感知的信息集合体。能够展现足以引起群体消费认知或消费模式改变的力量，具有整体性、长期性、稳定性等特性。

简单来说，就是个人通过树立形象，进行一定的价值输出，从而能够影响某些特定群体。例如，读书领域专家、育儿领域专家、商业领域专家等，他们都是成功打造个人品牌并且得到大众认可的。

《技术元素》一书说："创作者，如艺术家、音乐家、摄影师、工匠、演员、动画师、设计师、视频制作者等，只需拥有1 000名铁杆粉丝便能糊口。"当今时代，打造个人品牌成为流行。

（一）时代特征所决定

大家都有这样的经历，一打开淘宝，输入关键词"衣服"就有成千上万的选择，看得头晕目眩。那么如何能在竞争如此激烈的市场中脱颖而出，快速吸引用户眼球，让用户选定你呢？此时，打造个人品牌就显得很有必要了。因为只有打上品牌标签，才能够让产品得到用户青睐，也才能顺势扩大销量。

（二）提高信任度的需要

试想一下，我们在购买某个产品的时候，如果在你面前有两个产品，一个是你熟悉的、经常听到的，另一个是你听都没听过的产品，你会选择哪一个？如果两个人都有同样的产品，其中一个人在业界比较有名气，经常能在媒体上看到，而另一个没有什么名气，基本没听过，你会如何选择？打造个人品牌，能够给陌生用户一种熟悉感和信任感，用户通过各种渠道认识你、了解你，受你的影响产生信任。

（三）扩大影响力的需要

影响力是打造客户基础的有力武器，想要扩大成交量，必须要有一定的用户基数。试想一下，在同等条件上，如果两个创始人，一个在各大平台上累计有 100 万粉丝，另一个没有粉丝，该产品的成交量必定有巨大的区别。特别是对于我们普通人而言，启动资金少，想要进行低成本、低风险创业，更要通过自己的努力去扩大影响力，获取充分的流量。

（四）打造护城河抗风险的需要

想要降低副业失败的风险，必定要建立自己的护城河，也就是你和他人相比的核心优势是什么。打造个人品牌就是建立护城河的有效方式。举个例子，比如某名人，凭借其独有的风格和魅力打造个人品牌，无论是在培训学校讲课、办英语讲座还是做手机，都不缺关注度，再到后来入驻平台成功直播带货。前期的挫折丝毫没有影响他的人气，个人品牌的魅力就在于此。无论一个人创业成功或者失败，其个人独有的品牌魅力已经深入人心，不会轻易改变。因此，打造个人品牌，能够让你拥有无形的资产，这份无形的资产就是你的护城河，让你的副业创业抗风险能力提升，提高成功率。

（五）提升能力获取资源的需要

个人品牌的打造，需要不断地进行价值输出，价值的输出需要有源源不断的输入作为基础，如果不进行输入，再强的知识储备也会枯竭。因此，我们打造个人品牌时就需要不断学习、思考，不断夯实理论基础，补充完善知识网络，确保源源不断的输出。在输出的过程中，又要经过思考、提炼和总结，能力得到进一步提升，自身的竞争力也不断增强。此外，当我们成功打造个人品牌，有了一定的粉丝基础后，各大商家、资源会找上门，获得平日里没有的机遇，副业创业道路也会越走越宽。

二、打造个人品牌必须打破的惯性思维

明确了打造个人品牌的意义，我们还要明确新手打造个人品牌时经常会犯的错误，让自己迅速避坑、少走弯路。

（一）认为写公众号就是打造个人品牌

一提到打造个人品牌，很多人就会想到开个公众号写文章。其实，公众号只是个人品牌的一种载体，也是传播个人所思所得的一种渠道。开设公众号、写公众号文章，每天在群里转发并不等同于个人品牌打造。特别是目前公众号的打开率和阅读量有所下降，想单纯写公众号文章涨粉变得越来越难，如果没有一定的写作基础和日更的韧劲，难以依靠写公众号文章达到打造个人品牌的目的。因此，我们想要打造个人品牌，并不是一开始就直接开公众号写文章，而是从确定定位开始进行各平台输出，精耕细作，有了一定影响力后再利用公众号进行粉丝的沉淀。

（二）认为涨粉就是打造个人品牌

有的人会认为："打造个人品牌就是在各大平台输出内容，有粉丝之后就可以直播带货，个人品牌就这么打造起来了。"其实不然，个人品牌不仅仅是发布作品吸引眼球并涨粉那么简单，有的人发布一条经典日常视频，一下子涨粉十万，但后续作品平平，粉丝也就顺手取关了，没有形成持续性和持久性。真正的个人品牌打造，不是靠发布作品涨粉那么简单，而是有个性标签的独特个体，这个个体身上具备某种特质，输出某种知识，被人们认可并长期喜爱。因此，打造个人品牌的时候，要根据自己的特性进行输出，把自己独特鲜活的一面展示出来，而不

是靠某些哗众取宠的视频涨粉。哗众取宠的视频不仅对打造个人品牌没有多大帮助，还会适得其反，让自己离这条路越来越远。

（三）认为贴标签宣传就是打造个人品牌

在朋友圈里，我们经常能看到这样的一些人，他们将自己的标签设置得"高大上"，比如新媒体写作高手、朋友圈成交高手、卖货文案专家、美妆护肤专家、声音副业专家……实际上，有不少人是新手，只是通过一段时间的学习选了一个定位而已，很多人实际的能力和水平与标签并不符合。贴标签宣传是个人品牌打造的规定动作，并不是夸大自有能力的宣传，而是结合自身实际挖掘比较优势，贴上符合实际的标签，并围绕标签进行价值输出。围绕标签的表面宣传并不能真正打动用户，唯有真实的价值输出才能引起用户的共鸣。

三、正确定位，迈出个人品牌第一步

现代社会，越来越多的普通人通过互联网成功打造个人品牌并实现财富快速增长。随着打造个人品牌的人越来越多，每一个热门领域都挤满了人，竞争也越来越激烈，想要在一大片红海之中杀出重围，闯出一条新路，正确定位就很关键，只有正确定位，才能在一定程度上避开热门竞争，真正发挥自己的长处，成功打造个人品牌。在确定好定位之后，就可以从定位出发，全方位进行包装和打造，成功迈出关键的第一步。

（一）五大方面全面确定定位

当我们明确个人品牌的赛道之后，接下来就是围绕赛道进行多维度定位。

1. 人设定位

人设定位是基于你是什么样的人的基本定位，人设是将自身的特点彰显，并不断重复这个特点，人设定位往往需要用一句话概括。

那么新手如何用一句话提炼呢？可以直接采用"你是做什么的 + 你能为用户提供什么价值"进行概括。

例如，我是×××，"80后"有经验的妈妈，为你分享育儿小技巧；我是×××，写作导师，新媒体作家，分享写作干货；我是知名企业内容策划顾问，为你分享爆款内容写作技巧；我是8年美食达人，为你分享养生又好吃的美食技巧……

一般而言，学历学位、专业技术证书、职业认同、从事时间等标签都可以增加你的信任度，为你的人设加分。当然，要保证真实性。

2. 目标用户定位

目标用户定位就是你要明确能买单的目标用户是什么样的人？要考虑性别、年龄、地域、收入状况、爱好、上网时间等。如何找到这个定位呢？可以从你的定位特长以及向你请教的人进行大致推算。如果你在自媒体上有一定的粉丝基础，也可以直接从自媒体上查看关注你的人大多是怎样的用户群体。

例如，一名定位为科学育儿方向的宝妈，她通过分析，明确目标用户是0~3岁孩子的妈妈，以一、二线城市、月收入在中等以上且对科学育儿感兴趣的人群为主，在早上7—8点、中午12—13点、晚上8—10点期间最为活跃。

一个定位为微创业方向的老师，目标用户是25~35岁的青年，三、四线以上城市，月收入在中低水平，喜欢探索个人成长、副业方面的知识，上网时间多为晚上8—10点。

只有对你的目标用户有足够的了解，才能够根据用户的喜好打造他们感兴趣的内容，推荐用户感兴趣的产品，获得他们的喜爱。

对于想开启副业的小伙伴来说，打造个人品牌，最终目的就是获得一定收益，可以这么说，无法获利的个人品牌就是"水中月、镜中花"，粉丝再多也没用。因此，我们在打造个人品牌时一定要明确获利方式，之后才能进行一定的内容输出。

3. 获利方式定位

就目前而言，比较常见的获利方式有广告、直播带货、知识付费。

第一种和第二种是我们经常看到方式，但需要依靠商家和渠道，并非所有人的定位都能接广告，小红书上的美妆博主接广告就比较热门，其他领域的博主接广告就没有那么多。

直播带货相对广告而言门槛相对低一些，如果自己本身就有货源，可以采用这种方式。例如，在抖音上我们经常能看到很多农民直接发视频展现自家农产品，由于是自己种植，我看到了觉得还挺不错，有时也会直接购买。除了自家产品外，还可以在粉丝基数逐渐庞大之后添加商家的物品，通过直播带货赚取佣金，这也是一种常见的获利方式。

第三种方式主要是针对知识博主。能通过技能自己开发课程的博主会选择第三种方式。选择这种方式有个好处，就是掌握主动权，不依赖他人也能自行获利。并且，通过知识付费产品的良好口碑，进一步给个人品牌加分，形成良性循环。

当然，我们的获利渠道不一定只选择其中一种，很多时候都是先以某一种为主，然后再拓展其他渠道，提升效率。某网红一开始是依靠知识付费获得一定收益，后来便开启直播带货并取得很好的成绩，通过不断拓展收入渠道，品牌也进一步提升。

4. 展现形式定位

根据定位和自身实际，确定在自媒体上的展现形式。目前自媒体展现形式以口播和 Vlog 为主，具体选择哪种形式主要根据获利路径和自身特点来定。例如我们擅长做美食，想发布美食视频并通过直播带货获利，那么就要选择 Vlog 的形式，把我们做美食的过程拍出来上传。假如我们选择的是知识付费获利的方式，可以以口播为主。

如果我们对选用哪种形式还不够明确，可以给自己进行多维度的打分，从颜值、才艺、身份、语言、知识、动作、技能、情感表达等多维度进行综合考虑。例如我经过考虑，认为自己在知识、身份、技能三个方面比较占优势，我的表现力不强，所以选择了知识博主的定位，以口播为主要形式。

5. 自媒体平台定位

各大自媒体平台为我们提供了打造个人品牌的流量入口，目前较为热门的平台包含抖音、快手、B 站、微信公众号和视频号、小红书、知乎、头条号、网易号等。这些平台各自侧重的输出形式也不同。

抖音、快手、微信视频号、B 站主要以视频方式呈现，小红书是图文和视频方式兼有，微信公众号、知乎、头条号、网易号等以图文形式为主。

从目前形势来看，短视频的方式比图文方式更受大家喜爱，流量也比较大，因此，有条件的话优先选择短视频方式，但并不是绝对的。

如何根据自身情况选择合适的平台深耕呢？如果我们擅长写作并具有较强的素材搜索能力和深度思考能力，可以以偏文字的平台为主，视频平台为辅。如果我们表现能力不错，镜头感强，有一定的文案输出能力，可以选择短视频平台为主，文字平台为辅。

（二）如何围绕定位成功迈出第一步

明确了个人品牌定位之后，我们就可以分步骤进行个人品牌打造。

名字是个人品牌的核心，一个好名字可以让用户快速认识并记住我们，从而留下深刻的印象。起名字要慎重，我们要避免起名误区。例如不常用字、名字过长、汉字和英文结合、名字难记等。

如何正确起名呢？在这里给大家介绍几个常见的起名方法：

1. 姓名 + 行业

如，×××聊育儿、×××说财经、×××创业说、×××聊美食等。

2. 直接写职业

如，××律师、××老师、××记者、××厨师等。

3. 直接写本名

直接写本名适合有一定人气的明星或有一定粉丝基础的人使用。知识博主建议带上分享内容。

4. 特征起名法

个人简介主要用于自媒体账号的主页或者在遇到新朋友的时候发送。如何写个人简介呢？在这里给大家介绍一个简单的公式：领域标签 + 身份标签 + 关注要点或者目标用户。

根据自己的特征进行取名，可以快速和其他人区分开。

5. 地域 + 姓名

如，杭州李××、广州张××、湖南辣妹子××等。

（三）如何写个人简介

如，××创业说。一名三观正的轻资产创业者、MCN老板，为大家分享真正有用的创业干货和商业思考。个人 IP、达人孵化有问必答。

此外，我们还可以站在用户角度写个人介绍，给用户关注的理由：关注理由 +
成长经历。

（四）如何打造视觉锤、听觉锤

什么是视觉锤和听觉锤呢？就是人们通过自媒体看到你的形象和听到你的声
音或者背景音乐后，能很容易记住你。视觉锤和听觉锤是个人品牌打造的补充部分。

如果你是一名穿搭、美妆博主，个人形象可以比较时尚，头发的颜色可以适
当独特一些，风格可以相对夸张，让人容易记住。

如果你是一名知识博主，形象上中规中矩即可，可以在手持物上下功夫。比
如符合职业定位的笔、毛绒玩具、算盘等。

在听觉锤上，生活类博主可以适当用方言拍视频，配上好玩的配音，为自己
打上独特印记。知识类博主可以适当选用出场音乐、退场音乐和配音，提高辨识度。

四、打动人心的个人品牌故事如何写

打造个人品牌，品牌故事必不可少。好的品牌故事是连接你与用户的桥梁，
无论过了多久，魅力依然不减。

（一）个人品牌故事有哪些类型

个人品牌故事主要有三种类型：一种是个人成长故事，一种是愿景故事，
一种是展示个人特质的故事。

成长故事，很好理解，就是各大平台中较火的"普通男孩 / 女孩的十年故事"。
这类故事比较简单，主要是我们的个人成长史。

愿景故事，就是我们为什么要做这件事，做这件事的目的是什么？比如，愿
景是带动中国人读书。我们打造个人品牌也有愿景。比如，让爱写作的人都能通
过写作实现财富自由。再如，让宝妈们每天的生活能更高效。

特质故事。我们传播出来的故事体现怎样的价值观。例如你是一个诚实正直
的人，你可以在视频中通过讲故事的形式展现。如果你是一个正能量满满的人，

你可以把你的正能量故事分享给观众。如果你是一个高度自律的人，也可以把你每天早起读书的情况分享给大家。这些都是你的特质故事，能够彰显你的个人形象，感染读者。

（二）如何打造撼动人心的个人品牌故事

1. 打造个人品牌故事的原则

（1）不捏造、不虚夸。个人品牌故事的目的是树立好形象，但前提是这个形象是真实存在的，如果这个形象不存在，就无法树立起来。捏造出来的故事迟早会被公众揭露，造成"人设崩塌"。我们从个人成长角度写个人品牌故事时一定要遵循真实原则，要真实可靠，选择能凸显个人特点的素材，寻找一些具有代表性而影响深远的事件，作为品牌故事的初选内容。

（2）明定位、有重点。无论是什么故事，都要围绕我们的产品定位来写。例如，你的定位是高效阅读，故事就要和高效阅读有关，故事要围绕你接触高效阅读的契机、经过、成果，把你的专业性体现出来。例如，你的定位是减肥塑身，就要分享为什么减肥，减肥过程中遇到的困难，怎么克服才取得现在的成绩等内容。

个人品牌故事不是单纯的成长故事，是围绕品牌分享的故事，里面可以包括你的个人经历等内容，但不能只提及个人故事，而是要围绕品牌进行展开。

我曾经看到过这样的故事，通篇围绕个人来讲，故事的确真实感人，但看完之后不知道主人公是做什么的，因此有这方面的需求也不会想起他。如果他把业务和故事相结合，那么我们记住的就不仅是感人的故事，也会记得他的业务，有这方面需求时会想起他。

（3）有情节、带感情。每个人都会被情感打动，无论是亲情、友情、爱情都可以触碰人们内心最柔软的部分，引起人们的共鸣。此外，故事还要跌宕起伏，有一定的情节，如果平淡无奇，人们必定不感兴趣。

在自媒体上，我们经常能看到这样的品牌故事，通篇讲创始人如何厉害如何自律、获得什么奖、和什么人见面、专业如何强、技术上有多厉害等。创始人的确很厉害，但很多人看了会有这样的感觉，再厉害跟"我"有什么关系？

如果故事没有一定的情节和情感，不能和读者产生联系，不能唤起读者的情感、勾起读者的情绪，这样的品牌故事很难吸引读者的眼球。所以，在写品牌故事时，一定要将感人的部分提取出来，与读者产生互动和共鸣。

（4）要深远、显使命。品牌故事想要被人记住，一定要有使命感，体现主人公打造产品的初心。例如溜溜梅的创始人，在品牌形象片《梅的故事》中就有这样一句"吃到真正的中国梅，让每个人都知道溜溜梅就是梅花结的果。"将弘扬中国文化与饮食相结合，突出使命感，我们在看完宣传片之后也会被传达的使命感撼动。

因此，在写品牌故事时，要传达出打造产品的使命感，让品牌故事深入人心。

2. 个人品牌故事打造步骤

《故事经济学》中提出一个理念：一个好的故事需要经历八个故事设计阶段。在正式写品牌故事时，可以通过以下几个步骤循序渐进打造。

（1）目标受众，基本原则：意味深长的情绪感染。

目标受众，就是我们写故事给哪些人看，哪些人会对故事感兴趣，被故事所感染。明确目标受众，有利于我们精准传递品牌价值。写品牌故事的时候，可以想象一下，假如目标受众坐在面前，我们如何把故事讲给他们听，他们听了会有什么反馈？通过想象，可以把故事写得更接地气。

（2）主题，基本原则：平衡。每一个故事都有一个中心主题，只有围绕主题来写，明确主线，才能抓住读者的注意力。此外，我们还要注意平衡原则，什么是平衡原则呢？就是主人公的价值观不变，处于平衡状态。生活中会遇到很多小波澜，但不影响核心价值观。

例如，在你的故事中，目标是成为一名高效阅读者，虽然你会遇到很多波折，但这些波折并不影响你最终获得的成绩——成为一名高效阅读者。

（3）激励事件，基本原则：失衡。什么是激励事件呢？就是一个意料之外的事件，这个事件会打破人物生活的平衡，会让主人公处于压力之下。

例如，我在偶然之间知道通过写作能获得收益，想尝试一下这条路子，但由于写作占用太多时间，有时候会占用陪伴家人的时间，导致家人并不理解，让我纠结万分。尝试写作副业这件事打破了我的平衡，会把结果向两个不同的方向推进。

（4）欲望对象，基本原则：未被满足的需求。主人公的平衡生活被激励事件打破之后，自己处在了危险的境地，就要再次找回平衡。那么这时候就会产生欲望，比如，我被家人否定之后，就想快速学习写作技巧，不断强化练习，让写作成为我的核心技能，并成为副业。

（5）第一个行动：策略选择。既然有了欲望，欲望就会推动主人公做决定，例如，我在家人反对的情况下，还是开始了新媒体写作之路。

（6）第一个反馈：与期望相反。主人公会有怎样的效果？很多时候，主人公做了这个决定之后，并没有达到预期的结果，让人揪心。例如，我开始学习之后，投了几十篇稿件均被退稿。

（7）危机下的抉择，基本原则：洞察。在遇到重大危机之后，主人公处在了更大的危机之中，不仅没有达成欲望中的目标反而到了将近放弃的境地。此时主人公在濒临绝境的时候会绝望、彷徨，但最终还是会回归到理智和清醒。经过思考和洞察，主人公再次进行抉择。

例如，我在被退稿之后暂时放弃了写作，但过了几天冷静下来后决定研究已登载的文章，一个月什么也没干，一共研究了200多篇，从选题、结构到开头、故事、结尾都进行仔细研究，得出了普遍的爆款规律。我拿着这些总结出来的规律去和我写的文章进行对比，来来回回改了10多次，直到满意后才战战兢兢投稿，稿子投出去后，我心如止水，已经做好了再次修改的准备。

（8）高潮反馈，基本原则：闭幕。主人公做出第二个抉择之后，将故事推向了高潮，这时候主人公的欲望终于被满足，故事结束。

例如，过了几天，那篇稿子终于收到了过稿的消息，那一刻，我的鼻子一酸，眼泪吧嗒吧嗒地落了下来，我终于有了第一笔稿费。后来，稿子不断能投出去，稿费也从刚开始的50元不断往上涨，最高拿到2 000元一篇。

以上是个人品牌故事的写法，在写愿景故事和价值故事的时候，也可以参照这种写法，将愿景和价值实现的过程描写出来。当然，要在尊重事实的基础上，不能为了满足故事的完整结构而凭空捏造，要对故事进行深入剖析和挖掘，让故事更有内涵。

第二节　打造爆款短视频文案个人品牌

打造个人品牌必须扩大影响面，短视频是目前公众最喜闻乐见的方式，想要制作爆款短视频，文案是重中之重，那么如何策划爆款文案？电影《教父》原著中有一句话："半秒钟看清事物本质和一辈子都看不清本质的人，命运注定会是不同的。"视频文案是有底层逻辑的，懂得了这套底层逻辑，在视频创作上才能游刃有余。

一、策划爆款选题

选题就是分享内容的中心点，每一个短视频都有中心点，围绕这个中心点，撰写文案。选题也分为热点选题和常规选题，热点选题有时效性，常规选题没有时效性。

（一）热点选题

热点选题就是如我们从微博热搜看到的各种热点。比如在冬奥会的时候，大家几乎每天都在关注体育明星。各大公众号、短视频平台都蹭这个热点，有的单单发有关的比赛视频就获得几十万赞，这就是热点的魔力。

除了这种社会性的热点还包括热门的电影、电视剧、综艺节目等都可以从契合自己定位的角度出发，去策划选题。

追热点不能盲目，而要契合定位。你是做情感的就讲情感，做励志的就讲励志，做个人成长的就讲个人成长，做创业、副业的就讲干货，追热点一定要合理。

以都市剧《欢乐颂》为例，我们可以从不同人物着手，选择符合定位的切入点。

从其中两位主角身上，我们可以讲创业、个人成长。从其他给人留下深刻印象的角色身上，我们就可以讲情感、讲家庭。

同一部剧，从不同角度出发都可以得出契合我们定位的观点。

（二）常规选题

常规选题相对于热点选题而言，没有时效性。对于一个内容创作者来说常规选题比较常见，热点只是偶尔为之，平时大多依靠常规选题生产内容。

（三）爆款选题的底层逻辑

要产生一个爆款，到底符合什么样的条件？为什么有的选题你觉得很不错，精心写了一天文案，拍摄来回调整了两天，好不容易拍出来了，一发出去，点赞只有自己，播放只有几十？这就是爆款选题的魔力。

爆款都是相似的，为什么有的内容在抖音火了，发在视频号同样会火，有的内容在知乎点赞很高，发到视频平台上也能火，就是因为选题具有爆款属性，不论换什么渠道进行传播，爆款选题都会火。

爆火的内容，其实是满足了我们不同层次的需求，按照马斯洛的需求层次理论，我们可以得出以下选题：

1. 根据需求理论策划爆款选题

（1）满足物质需求：工资收入、副业类选题。

选题：自媒体提高，月入 3 万很简单。

下班后可做的几种副业。

（2）满足安全需求：人身安全、生活稳定以及免遭痛苦、风险或疾病等。

选题：20 种面膜进行荧光粉评测。

警惕！"三手烟"的危害超乎你的想象。

（3）情感归属需求：亲情、友情、爱情。

选题：爱情是互补，友情是共鸣。

和闺蜜在一起必须做的几件事。

（4）自尊和希望受到别人尊重

视频播出什么样的内容能让粉丝觉得自己受到尊重呢？比如可以在评论区进行征集，粉丝喜欢哪个选题，点赞最高的下期会出。此外，帮粉丝说出心里话，这样的选题因为有极大的共鸣感而让人觉得受尊重。

选题：答应我，别哭，要做一个坚韧温暖的女子！

女孩！你值得这世间美好的对待。

跟粉丝进行互动，以鼓励来引起共鸣，让他们感受到你的尊重，这样的选题也能收获一大波点赞。

（5）自我实现的需要：人们追求展现自己的能力或者潜能，并使之完善化。

选题：连续 3 年 5 点起床，看了几百本书到底是什么体验？

连续 10 年坚持早起运动，我到底活成了什么模样？

敢不敢用一年的时间彻底改变自己？

这些选题都是自我提升类比较火的选题，符合了人们不断追求自我成长，也就是自我实现的需要。

除了需求层次这个角度，我们还可以从吸引用户的角度出发巧妙设置选题。

（四）从视觉角度

人们关心和自己相关的内容，"与我无关"的内容会直接跳过。所以，策划选题的时候，要想办法和受众有关。

设想一下，你在茫茫人海里大喊一声："喂！回头看我一眼！"有几个人理你？

假如你改成"那个扎马尾的，穿裙子的小姐姐，回头看我一眼！"那符合这两个特征的人必定会回过头。策划选题时加上年龄、地域、职业、收入等因素，更容易火。

比如，30~40 岁女性必看 20 部经典电影。

三、四线城市的年轻人返回北上广。

月薪 ×××× 以下必备的 4 种副业！

相亲必备的 5 个穿搭技巧！

我们可以根据自己的用户画像的年龄段、所处的区域等设定选题，让符合条件的自动对号入座。

（五）从情绪角度：喜、怒、哀、惧

除了情感，能引起人物情绪的选题也是好选题，因为人们在看完短视频的时候，其他可能不记得了，但一定会对当时的心情印象深刻。

比如，感动的：我被大爷和大妈打动了。

开心的：分享一个好消息！我终于考上 985 硕士！

难过的：雪花融化了，燕子却回不来了。

害怕的：3 个月没换洗床单，居然味道这么重！

诸如此类的还有，奥运会某运动健将获得冠军的时候，如果采用这方面的选题，大家内心的爱国情怀、自豪之感油然而生，很容易为你点赞。这就是情绪的力量。

（六）策划爆款选题方法

第一种，从同行那里找选题。什么都不懂的时候，参考同行是最有效的方法。我们可以采用关键词找到垂直账号和相关视频，将爆火的 200 条摘录下来，用自己的方法重新阐述选题。

第二种，从同行评论区找选题，同行的一个爆款视频里会有几百到几千条的留言，点赞最高的选题可以直接拿来做。

第三种，到新榜、飞瓜数据查看当天本领域的热门选题。

第四种，到知乎搜索细分领域爆火的关键词和选题。

第五种，到同领域的大号查看点赞较高的选题和观点。

无论是去哪里找选题，我们的目的只有一个，把火过的点经过自己再创新让作品不跑偏，符合大众口味。

二、策划爆款标题

对于短视频来说，标题是很重要的，它就是视频的门面，关系到视频能不能被打开。给大家介绍十种取标题的方法。

（一）巧解痛点

巧解痛点，也就是常说的"痛点 + 方法"的方式。每一个特定的消费群体都有其痛点，将痛点直接放在标题里，能够直击心底，从而想点进文章一探究竟。例如这样的标题：

爆痘不断？教你告别"痘痘肌"。

裙子又穿不进？5个方法30天瘦10斤。

这样锻炼，"拖延症"晚期秒变自律达人。

（二）直白标题

直白式标题就是讲真话，给人以坦诚的感觉，引起共鸣。

我妈的表情包快把我乐坏了！

我爸的一个举动把我惊到了！

下班累到趴，教大家做一份好吃又省事的营养晚餐！

我今天很不开心，讲一段我的经历。

（三）价值标题

强调用户通过视频能获得什么？给他们价值感。

大家都可以做的副业，让你每月多收××××块。

7天塑形法，让你拥有好身材。

开心点！看这小鸭子翻跟头，可逗了。

让你一晚安睡的5首睡前音乐。

（四）巧用数字

数字类标题在文案中是比较常见的，并且也很受读者的欢迎。一方面是数字和文字组合造成视觉上的冲击力更强；另一方面，数字会给人一种成就感、获得感和好奇感，让读者想一探究竟。比如这样的标题：

28天引流精准粉丝1 000人的秘诀。

30分钟快速做5道菜的方法。

26岁月入过万，她如何做到的？

用餐礼仪记住这5条就够了。

35岁每天5点起床一年看书100本。

上面的标题都是用数字凸显自己的厉害之处，能达到直接推销的作用。

（五）善用人称

善用人称，就是在标题用上各种人称，来拉近和读者的距离。在人称的使用上，可以是第一人称也可以是第二、第三人称。

例如：

我月薪 4 000 的生活。

恭喜你！遇到了如此靠谱的居家整理术！

（六）设置悬念

设置悬念就是采用反问的方式给读者抛出一个悬念，让他们思考后，迫不及待打开文章寻找答案。例如：

那些盲目追逐风口的人，有多不明智？

有没有又便宜又好用的护肤品？

为什么情商高的人喜欢说这 3 句话？

（七）反转对比

反转对比，就是不按常规出牌，让读者在强烈的反差中产生兴趣，点进来看个明白。例如：

他用"土方法"拍视频，2 天涨粉 10 万。

我大专毕业，顺利通过世界 500 强企业面试。

看到以上的标题，你会不会觉得不可思议？本来我们常规思维是由 A 到 B，而标题却告诉我们另一个结果。这时候，你是不是想立刻点开查看到底是怎么回事？这就是反差带来的魔力。

（八）后果提醒

说明用户不干某件事之后的后果，让其点进来。

例如：

少壮不努力，老大徒伤悲。

不学习不成长，孩子不想搭理你。

不做精细定位，方向不明。

通过行为＋后果，给予危机感，让人迫不及待一睹为快。

（九）借力用力

通过强调受众人数多让受众觉得可靠，获得受众的信任，从而点进来一探究竟。

百分之××的女生都偏爱这种颜色的口红。

销量围绕地球一周的奶茶，你居然不知道？

这段视频，×××万观众看哭了！

三、策划爆款金句

所谓金句，简单来说，就是让人印象深刻的经典句子，让人一看就觉得："哇，厉害！你讲得好有道理！"

例如：让你难过的事情，有一天会笑着说出来。

——《肖申克的救赎》

遇到你之前，我没有想过结婚。

——杨绛

这都是比较经典的句子，一看就觉得很有道理。那么我们怎么借用金句的力量呢？有两个方法：一是直接引用名人名言，二是仿写金句。

（一）直接引用名人名言

只要说明出处，金句就可以直接引用，对这些广为流传的金句怎么找呢？有三个方法：

1. 网站、读书软件搜索

例如我们可以在"句子控""金句吧"等网站直接搜索金句。在快速浏览电子书查找金句时，有一个最简单快捷的方法，用"微信读书"App，打开里面的书之后，看"热门划线"，直接翻看有没有适合引用的句子即可。

2. 经典电影、电视剧热门台词收集

在今日头条、公众号文章都会有经典电影和热门电视剧台词的归纳，直接去搜索，保存在素材库里面就可以了。

比如在可以直接在网上搜索《三十而已》经典台词，便会出现很多已经整理好的。输入"经典电影台词"，网上也有人总结好的台词。

3. 读书时摘抄

在平时读书时，假如看到令自己拍案叫绝的句子，也可以直接摘录下来，标明出处用到我们的视频文案里。

（二）仿写金句

根据他人撰写的金句结构进行仿写，主要有以下几个结构：

1. 矛盾结构

《大话西游》中的经典台词：

"不戴金箍，如何救你？戴了金箍，如何爱你？"

我们可以思考，受众到底在哪件事上会遇到两难的情景？

仿写：不加班，如何养家？经常加班，如何顾家？

2. 对比结构

你看，有趣的人就像尘封的老酒，越相处越有味道；而无趣的人就像开了瓶盖的可乐，放到后来，一点儿气都没有了。

对比也可以归纳为不同事物的对比和相反对象的对比。

仿写：

有爱的人，眼里哪里都有光；缺爱的人，眼里除了哀怨就是愤恨。

3. "行为＋结果"结构

二十岁偷过的懒，都会变成三十岁困住你的墙。

仿写：

你现在所偷的懒，都会成为日后前进的绊脚石。

4. "不是而是"结构

友情是两颗心的真诚相待，而非一颗心对另一颗心的碾压！

仿写：

爱情是两情相悦，而不是一个苦苦追求，一个不断碾压。

5. 反复结构

没有谁有义务，必须透过你邋里邋遢的外表去发现你优秀的内心；也没有人有耐心，对着一副披头散发、空洞无聊的皮囊去兑现许过的海誓山盟。

仿写：

没有谁愿意听你发一天的牢骚，不吃不喝；也没有谁愿意为怨声载道的人伸出援助之手。

爆款内容的策划并不是一蹴而就，需要在实践中不断打磨和改进。大量重复和反复总结提升是掌握底层逻辑的关键。让我们从爆款中来到爆款中去，利用好底层逻辑，输出深得人心的好内容。

第三节　打造个人微信号、朋友圈品牌

微信是个人品牌的门面，门面好不好决定了用户对我们是否信任，也决定了后期能否成交，因此，打造让人信任的个人微信号和朋友圈极为关键。

一、如何打造优质微信号

（一）头像设置

头像的设置很重要，能给人留下第一印象。头像设置的总体原则是专业、积极、阳光的。要尽量用专业形象照，给人专业的感觉。但形象照不必太死板，不用证件照作为头像。此外，还要避免用背影照、风景照、卡通照、明星照等，会给人不真实感。

（二）个性签名

个性签名是展现个人专业的途径，我们可以将个人的相关背景用简短的话语写出来。例如，育儿定位的个人签名：教育心理学硕士、三宝职场妈。大家可以根据自己获得的证书和取得的成绩以及影响的人数等作为个性签名。

（三）所在地

所在地选择自己的真实地址，会给人真实可靠的感觉。

二、如何包装吸睛朋友圈

朋友圈是展示自我的一种良好方式，需要注意的是，朋友圈打造有一定的原则，不能想发什么就发什么，应该选择用户喜欢的内容发圈。

（一）朋友圈打造的原则

1. 数量适中

一般而言，朋友圈每天发三条即可，早中晚各一条。要避免一次发五六条朋友圈，朋友们在浏览的时候看到的全是我们的内容，会引发反感。好友曾经跟我分享过一件事，一个人从群聊加了她好友之后每天都发私信广告给她，朋友圈一天发二三十条，忍了一周之后她直接把那人删除了。物极必反，朋友圈也一样，不可狂轰滥炸，精比多好。

2. 比例适中

很多人刷朋友圈并不是为了购买东西，也不是为了学习知识，而是想看看有没有好玩的事。因此，我们在内容把握上要进行科学配比。生活圈、思考圈、知识分享圈、产品广告圈比例参考值为 30%、25%、25%、20%，让朋友圈多样化。丰富多样的朋友圈能够给人生动活泼的感觉，令人欢喜。

3. 有趣有料

人们普遍喜欢有知识并且幽默风趣的人，这样的人会有巨大的吸引力，让人忍不住想靠近。分享知识类朋友圈和生活态度类朋友圈可以让人们产生信任感。

例如，我之前分享五种短视频文案的开头写法，得到很多人点赞。

痛点开头：你最近是不是挣得少？想买件衣服都思考很久？

提问开头：你有没有这样的朋友？你有没有这样的体验？你有没有遇到这么尴尬的事？

数字开头：5种食品提高记忆力。4个方法让你背书过目不忘。

悬念开头：我被朋友圈的陌生人套路了。

否定开头：千万不要再盲目了！

还有我分享和女儿的日常：

女儿：妈妈，九制梅是九个人制作的梅吗？

我：不是，是经过九道工序制作而成的梅。

我们在发朋友圈的时候也可以适当分享日常有趣好玩的事情，但要避免分享的事情和自己的人设定位无关。

（二）朋友圈打造的步骤

1. 制定计划表

明确发布内容之后，我们可以制定一周 7 天的朋友圈更新表格，将每天需要发布的内容和有关主题列出来，提前准备发圈的图片和素材。平时我们在阅读学习过程中的思考和思维导图、笔记等也可以作为发朋友圈的内容。爱学习并自律的人，没有人不喜欢。

2. 掌握运营技巧

（1）发圈时间：7—9 点，12—13 点，19—21 点都是发朋友圈的黄金时期，好友浏览的概率也会大很多。

（2）语言技巧：在写朋友圈文案的时候，语言简单明了，不能长篇大论，且每个小点和每个小点之间要空一行，或者三行字之后就空一行，密密麻麻的排版会让人很不舒服，没有兴趣再读下去。一般而言，我们发的文字控制在 6 行字以内不容易折叠。如果是从文档里复制的内容，建议下载不折叠的软件，以防文字被折叠。

（3）拍摄技巧：拍摄的图片最好经过后期加工，让图片更为美观，黄油相机 App 就能满足图片美化的效果。平时在浏览别人朋友圈的时候也可以多关注对方发的图片，将高赞朋友圈的好图片保存下来，下次拍照和修图的时候参照这些图片进行处理。

3. 掌握内容策划技巧

（1）展现正能量

团队努力工作的场景、你早起运动的场景、你坚持阅读的场景、每天坚持写作的场景、应邀去某地上课的场景、你获奖的场景、你获得某个学位毕业的场景、你被用户夸赞的场景、你的成绩数据……总而言之，可以多拍摄能够体现你自律、积极、乐观、靠谱的场景。

我们在努力的时候不应该默不作声，而应该将自己优秀的那一面展现出来。但要注意的是，我们所拍摄的照片是我们真实在做的，而不是"作秀"，作秀的图经不起推敲，也容易失去用户的信任。

（2）明确主题

主题明确是朋友圈文字必须遵循的规则。一个朋友圈只有一个主题，不能包含两个及以上的主题。比如，你今天要讲阅读技巧，列出内容即可。比如，你今天想"吐槽"一下中午吃的饭，直接说明原因和观众互动即可。比如，你想谈自己对某件事的看法，最好围绕一个点展开，有理有据，而不是东一句西一句，让看的人不知所云。

（3）多加互动

保持互动是朋友圈打造必不可少的动作。我们可以在朋友圈发表一些互动性较强的话题，让朋友参与讨论，可以利用热点制造互动，也可以用日常中的小问题引发互动。和朋友互动的时候，可以用请教、疑问、设悬念的语气，让用户参与互动，提高互动率。

例如，你在小区跑步的时候看到一种很有意思的野果，而你不知道野果的名字，就可以发一个朋友圈：求教，有谁知道这果子叫什么吗？刚才跑步的时候发现，红红的像珍珠，可爱极了！

跑步的时候，说明爱运动；有新发现说明爱观察、热爱自然；互动求教，和朋友产生良好链接。

（4）注意细节

发布朋友圈需要注意一些常见的细节，比如，转发文章的时候，要适当摘录文章里的金句或者高赞评论，引起人们的好奇，增加链接的打开率。

朋友圈发布的时间可以固定一个区域，除了早起打卡的内容，其他内容发布不能太过固定，千篇一律会引发疲劳。每七条朋友圈可以配一条广告，广告以软文为主。

　　将朋友圈的人员进行分组，把同事和朋友与客户分开，发朋友圈的时候内容也可以适当有所区别，错开高频互动时间。

　　发朋友圈的时候，可以先写文字再配图，也可以发图之后统一回复文字，留下遐想空间促进评论区互动。

　　发布的图片尽量保持美观、保持统一感，让人看了舒服。

三、朋友圈卖货文案的底层逻辑

　　想要提高转化率，朋友圈文案就要迎合人性，满足用户需求。

（一）让产品成为必备品

　　思考一下，我们什么时候会毫不犹豫购买一样东西？肯定是觉得这东西是必备品，所以要买。比如油盐酱醋米，这些东西就是必备品，肯定得买。除了客观的必备品，我们还可以用文案促发必备，让用户认为"该买"。

　　1. 直接给用户购买指令

　　例如：

　　红牛的广告语：困了累了，喝红牛！

　　我们在写文案的时候也可以直接参考这样的写法：

　　想要皮肤跟水蜜桃一样，就用 ×××

　　脱发掉发严重，就用 ××× 洗发水

　　2. 让产品契合用户的关注点

　　例如：

　　帮宝适的广告语：你笑个不停，只因睡得更饱。

　　父母最在意孩子舒不舒服、睡得好不好，所以我们在写文案的时候就要抓住用户最在意的点来写。

　　例如：

　　我家的荞麦枕头，田园的清香，双层枕芯软硬适中有支撑力，经典绗缝，坚而不硬。

　　中年人最怕睡不好，脸色差、精神差，所以我们在写文案的时候要抓住他们最关注的点来写，这样更能够激发他们的购买欲。

3. 给用户正当购买理由

很多时候，当我们想要买某件东西时，会觉得浪费钱，纠结了很久最终还是不买了。所以在写文案的时候，要帮助顾客消除顾虑，给他们一个正当的购买理由。

例如，有没有感觉，时间过得真快，孩子一下子就长大了！童年只有一次，让××××儿童摄影为您的孩子记录成长的快乐，记录最纯真的笑脸，定格最温馨的瞬间！

将留住孩子美好的童年瞬间和拍照联系起来，这就很有必要了。留下孩子的童年的画面，给顾客一个正当的购买理由，他们更容易打消内心的顾虑。

（二）让产品勾起用户情绪

人是有感情的动物，在某种情绪的驱动下会有很强的行动欲，因此，想办法勾起用户的情绪就很重要了。人的情绪主要有喜怒哀惧，每一种情绪都可以促发购买的冲动，我们可以根据产品的属性选择性地勾起用户的情绪。

（三）降低用户购买"门槛"

用户在决策的时候，内心总会有很多反对的声音。因此，要促进用户下单，我们还要在语言上降低购买"门槛"，让用户爽快做决定。

1. 化整为零

购买会员一年要 365 元，我们直接给他们计算：每天只要一块钱，学习专业的知识，提升自我。

2. 化数字为具体

购买一门入门课需要 99 元，我们可以将 99 元描述成娱乐消费：少看两场电影，给自己一个开启副业的机会。

3. 增加信任背书

如果产品的创始人背景强大，我们会自然而然产生信任。如果产品曾经获得奖励，获得好评，我们也可以写进来，作为增加信任的基础。

四、高转化朋友圈文案如何写

了解了朋友圈文案的底层逻辑后，就可以根据底层逻辑策划朋友圈文案。

（一）描述型朋友圈

例如，猕猴桃有鸭蛋般大小，褐色的毛绒下面若隐若现透露出表皮。轻轻拿起一个，去皮，你忍不住咬一大口，汁水立刻充满整个口腔，甜而不腻，耳朵里听到小小籽被碾碎的"沙沙"声，感觉整个人都放松了下来。今天下单，立刻发货，让我们一起补充天然维生素，邂逅这一刻的小美好吧！

（二）专业化朋友圈

比如，你是相关专业毕业的，研究美妆领域多年，经常关注里面的成分，且加以对比和评测。那么你就可以在朋友圈分享专业美妆知识。

同样，无论是哪个行业，都可以分享该行业的专业知识，要显示你的专业度。

（三）场景化朋友圈

场景化朋友圈就是给用户描述使用场景，唤起用户的使用感。

比如，某品牌大喷雾，我之前只在夏天的时候购买，并且经常只给自己喷喷脸、补补水，但看到瓶子上的场景使用介绍后，冬天时我也果断买了两瓶。它怎么把产品的使用频率最大化，使用的场景具体化呢？

卸妆时喷一喷

脱毛后喷一喷

脸部泛红喷一喷

皮肤不适喷一喷

运动后喷一喷

旅游时喷一喷

……

你看，本来你只打算喷喷脸补水，商家给你提供了那么多的使用场景，你是不是感觉这款产品实在太有用了？既然有用，你需不需要买一瓶？

我们在写朋友圈文案的时候也要加上使用场景，让用户有想象空间，觉得自己真正能用上产品。

（四）痛点朋友圈

写朋友圈时，可以唤起用户的痛点，提起烦心场面，想立刻避免这样的情景。

（五）顾客好评朋友圈

顾客的好评就是给你侧面打广告，用户也比较乐意接受。

例如，学员报喜！满屏的感谢我都不好意思啦！是你努力的结果。加油！未来可期！

经常发布一些顾客证言，让用户对号入座，相信自己通过改变也能做到。不直接说我们的产品好，通过顾客的成果间接说明产品好、服务好。

在掌握了基本的朋友圈文案写作知识后，还需要每天至少写两条，长年累月坚持，文案功力也会见长，让我们每天一起打磨，把朋友圈打造成自动成交机。

第四节　打造社群个人品牌

我们每个人或多或少都加入过社群，社群已经成为现代生活中不可或缺的便捷交流手段。想要充分打造个人品牌，就要打造优质社群，为用户提供较好的交流平台，也能借助社群的力量提供更好的用户体验，促进更多的成交。本节主要介绍打造优质社群个人品牌的方法，用活用好社群，为个人品牌助力。

一、常见的三种社群是什么

（一）根据人群不同划分

根据不同人群进行划分，社群可以分为家庭群、工作群、身边好友群、互不相识的人为同一个目的组成的社群。前面三个是常见社群，方便大家交流，这些群不必刻意维护，有事需要交流时就发言即可。最后一种由于大家相互不认识，为同一个目的成立一个群，因此要注重日常维护，否则就容易沉寂下去，达不到交流的目的。

（二）根据内容不同划分

1. 兴趣类社群

兴趣类社群是基于同一兴趣而建立起来的群，大家在社群的目的是互相交流，认识新朋友，有时候可以参加活动。例如，各类乐器交流群（吉他、二胡、古筝、钢琴、架子鼓等）、各类运动交流群（马拉松、瑜伽、篮球、足球、游泳、太极等）、各类爱好群（写作、阅读、烘焙、舞蹈、雕刻、手工编织、宠物、旅游等）。

每个人都有自己的兴趣爱好，就算特别小众的兴趣也能找到同伴，因此就有了共同的交流群。大家因为共同爱好集合在一起，分享技巧、心得，从而促进彼此间的交流。同时，由于大家的兴趣爱好的比较广泛，能够促进不同社群之间的融合和裂变。兴趣爱好类的社群比较松散，除了不能随便在群里发广告外较少限制，因此管理起来也比较简单。

（1）特点：兴趣社群的入群门槛比较低，且没有商业性，属于免费社群。虽然是免费社群，但兴趣社群聚集着大量同一兴趣爱好的人，因此人群比较精准，具有较大的商业价值。

例如，有的付费课程是与写作有关，那么组建写作爱好者交流群，每天分享写作心得，时不时可以发布一些写作资料包，组织写作者打卡养成微习惯，促使他们行动，如果他们在行动中找到了价值，想进一步提升，就有可能参与课程学习。

此外，如果你是一名卖实体产品的商家，产品属于母婴类居多，你就可以组建一个育儿交流群，在群内分享育儿和好物购买心得，时不时邀请优秀宝妈来群里做分享，时不时组织抽奖活动，让大家获得优惠福利。同样，假如你的产品是茶叶，你也可以组建品茶爱好群，让爱喝茶的人聚集在一起，分享交流、日常打卡，你时不时发放福利，让大家有获得感，潜移默化地促成转化。

（2）运营建议：组建门槛低的兴趣爱好群是打造个人品牌、运营副业必不可少的社群，在打造社群的时候要做好群邀请，给每个进群的人打好标签，同时还要设置好社群管理规则，让群成员在规则下行事，避免专门进群加人、发广告的情况出现。

2.IP 类社群

IP 类社群是基于个人 IP 打造出来的社群，如樊登读书会等。此外，公众号基于自身的 IP 也可以组建自己的社群，例如有书、十点读书社群等。这类社群适合有一定 IP 影响力、有一定粉丝基础的人员设立。IP 类社群有免费也有付费的。

（1）社群特点：IP 类社群的优势在于氛围比较好，群内很少发布购物信息。社群内的成员对组建者具有高度认同感，且大家为了共同成长的目的加入社群，都比较积极上进，如果在社群内得到了提升，他们会毫不犹豫分享给身边的亲朋好友，社群裂变起来也会很快。

（2）运营建议：IP 类社群运营得好不好，直接影响创始人的形象，因此要请专人进行运营。在运营的过程中，要注重输送有价值的内容，邀请群内成员分享知识，且要有个性化的社群标签和文化，如拟定社群规则和群口号、群员代号，让群内成员有一定的归属感。

3. 产品类社群

产品类社群是基于销售产品组建起来的社群，目的是通过社群实现扩大销量的目的。传统的经营模式是线下模式，顾客购买商品之后如果觉得商品不错，经营者人也好，会再次光顾，如果产品体验不好，直接就不来了。经营者只能依靠顾客自发性进行购买，除了购买的时刻，其他时刻无法影响消费者的决定。

（1）社群特点：产品社群的优势在于目的比较明确，大家都是购买了产品或者是有意向购买产品的人，因此运营起来也比较简单直接，定期发布用户关注的小常识、策划优惠活动、组织晒单有礼活动等，都有利于社群的活跃。

（2）运营建议：组建社群后可以将购买产品的人都拉进一个群，给他们使用指导或跟进，或提供附加值，让他们产生复购行为。

假如你是卖服装的，那么你可以将客户拉到一个群内，经常分享服装穿搭知识，指导客户穿搭变美，并定期发布产品优惠和抽奖活动，从而提高产品的复购率。

假如你是卖锅的，你也可以将顾客聚集起来，每天分享烹饪小知识、养生常识、营养菜单、做菜小技巧等，让顾客获得超值的体验。

4. 学习型社群

基于某个学习目标而加入的社群，可以称之为学习型、成长型社群。

（1）特点：这种社群的目的性很强，群成员的入群诉求就是获取信息，学习相关技能。所以，管理思路也相对更为清晰。

（2）运营建议：做好用户分层、设立严格的入群门槛、持续输出高质量的知识。

（三）根据社群目的划分

在知识付费社群当中，根据不同目的建立不同社群，从而实现不同目标。从建群目的上看，社群可以分为以下几种：

1. 快闪群

快闪群即成立很快解散也会很快的群，目的是推新产品，推完之后群也立刻解散。快闪群在选品上要谨慎，尽可能选择便宜、实用、需求大、与业务有较强关联的产品。因为用户需要快速决策，只有产品价格够低，足够有吸引力才能让用户快速下单。

2. 粉丝群

成立粉丝群，目的是将粉丝聚在一起，经常性地接收我们的讯息，培养良好的感情。粉丝群无处不在，也不需要时刻保持活跃，只要每天定时发布一两条内容、自己写的日记（可公开的类型）、公众号文章、视频号作品以及活动福利信息等。

3. 课程社群

课程社群即用来上课的社群，目的是让学员有较好的上课体验，在社群里互相交流，优化服务。课程社群按照不同课程类型又可以分为入门课社群、进阶课社群、私教社群。

（1）入门课社群：主要是价格比较低的入门课，有一周的课程也有一个月的课程。入门课主要是给予学员一定的体验之后，如果其觉得课程还不错，接着可报体系更为完善的进阶课。为了达到转化的目的，入门课要每天打卡，提高打卡率，定期设置排行榜和完成榜，让学员积极参与行动。行动、获得和体验是促使用户继续参与课程的重要因素，当他们有足够的参与感、价值感和体验感时，才会有进一步学习的打算。

（2）进阶课社群：进阶社群是正式课社群，要安排好专门的社群管理人员在群内进行服务，有问必答，一对一关注，制定专门的服务方案，对每个成员进行针对性指导，让用户能够快速成长。

二、三大指标，让社群运营清晰明了

一个社群想要达到预期的目的，必须进行精心运营。运营也就是根据不同社群的类型制定针对性的措施，从而提高社群活跃度、优化用户体验、提高社群转化率。想要运营好社群，掌握社群运营的数据指标，进行持续优化是关键。

既然社群运营离不开数据分析，那么我们在运营的时候应该分析哪些数据呢？

（1）业务数据：由社群带来的业务数据，包含下载量、内容贡献量、订单量和销售额。

（2）氛围数据：社群的发言条数和发言人数、人均发言量。

（3）内容数据：社群内优质的内容数量和意见领袖人数。

（一）社群人数

社群人数不是单纯查看社群内有多少个成员，还要关注以下这几个方面。

1. 新增人员数量

新增人数表示社群的宣传和吸引力都比较到位，主要包含日、周、月、季、半年、一年等新增人数。从短期上看，新增人数越多，说明社群各类宣传到位，社群运营效果不错。从长期来看，人数越来越多说明社群价值大，为群成员提供了较好的体验。如果社群新增人员越来越少，就要思考引流渠道和社群运营的方法是否得当。

2. 退群人员数量

退群人员数量和新增人员数量相反，包括日、周、月、季、半年、一年等退群人员数量。退群人数越多，说明群成员对社群服务越不满意，退群人员越少，说明群成员对社群越认同。这里说的退群人数是群成员主动退群的数量，而不是未完成相应的打卡任务被移出群的数量。一般而言，退群人员主要在引流课阶段比较明显，在后期正课的时候相对而言没有那么明显。

3. 进群、退群率

进群人数除以社群人员总数就得到进群率。进群率大于退群率，且进群率越高、退群率越低，表示社群吸引力越大。

4. 社群净增量

社群净增量指的是一定时期内社群纯增加的人数，用新增人数减去退群人数就得出社群净增量。如果社群净增量是正数，说明社群目前状态不错，如果净增值是负数，负值较大，说明目前社群状态有待进一步改进。

（二）社群活跃情况

除了社群的人数外，我们还要对社群的状态进行分析。

1. 社群活跃率

社群成员活不活跃是衡量社群质量高低的重要指标。那么什么样的情况能归为活跃呢？我们可以根据社群的属性进行定义，例如群成员每天发言1次以上，我们就要用这个标准来找到活跃用户的数量。发言用户数量越多，社群活跃度越高。当然，我们还要同时参考社群人数总量，用活跃人数除以总量得出活跃率，从而可以和其他同类社群进行对比分析。活跃率越高，群成员的归属感越强，价值越大。当社群活跃率持续下降的时候，我们就要进行用户调查，采用他们喜欢的方式提高社群互动率和活跃率。

2. 活跃度排名

除了要统计社群的整体活跃度外，还要对每个人的活跃度进行排名。如何排名呢？可以根据每个用户发布消息的数量进行统计，从而进行排名。我们可以以一周为期，计算成员的活跃情况。之所以要统计活跃度排名，主要是为了让运营者加深对社群成员的了解。对活跃度高的人，可以鼓励其参与社群运营，辐射影响其余用户，提高其他用户的活跃度。同时，对于活跃度比较低的用户，我们可以花时间了解和陪伴，分析其活跃度低的原因，通过友好的互动和关注提高他们的积极性。

3. 活动参与率

当我们设置一个社群活动的时候，如果参加的人员很积极，参与度比较高，说明社群活动较成功。用参加人数除以社群总数就得出活动参与率。活动参与率越高，用户积极性越大，活动质量也越高。在分析的时候，也可以根据同一活动的不同时间点进行比较。如果活动参与度比较低，就要反思活动的形式、礼品、优惠力度等有没有吸引用户，要对活动形式以及宣传方式等进行进一步调整。

（三）社群业务数据

社群业务数据是整个社群运营的重中之重，社群的业务数据能够直接反映运营者的基本水平。那么社群业务要看哪几个常见的指标呢？

1. 转化率

转化率即购买人数除以社群人数，转化率越高，说明社群运营效果越好。如果转化率很低，说明社群运营较差，此时就要思考社群内容、社群形式、活动力度、课程价值等方面如何进一步改进。转化率是衡量社群运营效果的重要指标，平时在运营过程中，就要不断优化服务为转化做铺垫。

2. 营业总额

营业总额就是社群成员在接受服务的过程中花费的金额总量。如果成员的客单价没有差异，那么营业总额就是客单价乘以购买数量。很多情况下，我们在进行社群活动时，由于购买先后有区别，先购买的用户享受较大的优惠，后购买的用户享受的优惠没那么大。此时，营业总额就应该根据不同成员的付费金额进行整体相加。

3. 利润、利润率

利润是反应社群收入情况的重要指标，如果利润是正数，说明社群最终是盈利的，如果利润是负数，则说明社群属于亏损状态。利润是营业总额减去支出成本得出来的值。其中成本就包括人工成本、礼品成本等。

此外，还可以用利润除以成本乘以百分之百得出成本利润率。利润率可以反映出社群利润完成情况。

利润率是反映社群一定时期利润水平的相对指标。利润率指标既可以考核社群利润计划的完成情况，又可以比较不同社群之间和不同时期的运营管理水平，从而发掘运营亮点，提高整体收益。

4. 客单价

客单价指的是在一定时间里单个用户的平均付费金额。客单价越高，说明社群收益越高。但从另一角度也可以看出，客单价不是越高越好。有时候，客单价高意味着销量相对较低，客单价低意味着销量大。销量如果过低，会影响社群的后续转化和运行，不利于社群裂变。因此，要根据社群运营情况将客单价控制在合适的范围内。

5. 会员数量

无论是知识付费还是其他行业，会员都普遍存在。一般而言，购买了会员的都是对我们的业务高度认可的人，并且一旦购买，就有一定的稳定性。因此，会员数量是衡量社群运营的核心指标。如果会员数量较多，且呈逐渐增长的趋势，说明社群运营得不错，客户认可度较高。如果会员数量逐渐下降或者增长不明显，说明客户对社群认可度较低。要对客户进行一定的回访，吸取意见建议，有针对性地进行系统改进。

三、如何保持社群活跃度提高成交率

在社群运营过程中，经常会看到"活跃度"这个词，一般而言，活跃度越高，社群状态越好。反之，社群死气沉沉，群成员大部分"潜水"，就意味着社群状态不好。下面为大家介绍如何提高社群的活跃度，从而提高社群的成交率。

（一）维护社群活跃度的方法

想要将社群维护好，必须针对社群进行运营，可以从社群内容、社群价值、社群活动、社群福利等方面进行。

1. 社群内容

（1）活动分享

活动分享不仅能够让群成员增长见识，还能活跃气氛，增进群成员之间的感情。可以定期组织与社群主题相关的领域专家、行业达人、有经验的老师等到群里进行主题分享，也可以直接邀请群成员进行分享。

线上分享之前，要提前征求群内成员的意见，明确分享主题，并及时与分享者取得联系，配合分享者撰写个人简介和分享稿。此外，还要提前制定分享细则，方便群内成员遵守，以防影响群内气氛。确定分享时间后，要提前一周左右的时间分几次通知群成员，以免错过。正式分享的时候，要准备一些互动活动不断预热，让群内气氛活跃起来。分享的最后，要组织群成员撰写复盘总结并分享朋友圈，评出复盘总结比较优秀的成员，给予一定的奖励。

（2）群内讨论

除了嘉宾和群成员分享外，还可以组织群成员围绕一个大家关心的话题进行讨论。例如写作社群里，由于大家找写作素材的能力稍微欠缺，就可以定时提供写作素材，引导群成员对素材发表看法，还可以就某一选题进行角度提炼，大家各抒己见、集思广益，在讨论中迸发思想火花。其他类似社群也同样可以对某一话题进行集中讨论，通过大家的努力共同解决困难。

2. 社群价值

我们经常听说某某社群价值高，某某社群没什么价值，价值是社群活跃的动力源泉，一个社群只有存在价值，群成员才能经常留意群消息，社群才会经常保持活跃的状态。那么如何提高社群价值呢？

（1）为社群设定门槛

如果社群没有门槛，群内成员水平参差不齐就会影响社群的整体质量，难以保证社群的高价值。因此，要为社群设定一定的门槛，确保群成员具有较高价值度。

如何进行筛选呢？在招募的时候，根据社群的属性和特点直接列出条件，例如个人特质、拥有资源等都可以作为筛选标准。此外，还可以采用自荐书、语音测试、测试报告等形式在初期对群成员进行筛选。

（2）提供互相介绍的机会

很多群成员都希望能在群内产生链接，因此，社群可以每月设定一个链接日，给大家一个自我介绍的机会，让彼此互相了解，并互相链接，为群的进一步互动打下良好的基础。

（3）鼓励群成员互相交流

经过筛选，每个学员都有各自的资源，大家如果把资源都汇集起来，互通有无，那么社群的价值就会倍速增长。例如有的学员在孩子教育方面有很多资源，就可以在群内分享，避免大家走弯路。有的学员在护肤、化妆方面有优质资源，也可以分享，让大家得到一定的实惠。有的学员拥有优质水果、蔬菜资源，也可以分享。值得注意的是，这些资源质量和渠道要可靠的，要经过一定的筛选才能在群里分享。

3. 社群活动

社群活动可最大限度调动群成员互动，让群活跃起来。根据不同的社群，我们可以策划风格各异的日常活动。主要包括：

（1）快速抢答

抢答活动可以结合最近组织学习的课程、群内的专题分享、创始人愿景、企业文化等策划题目，制定抢答规则和奖励组织群成员进行抢答。在抢答之前，要提前通知群成员，让他们做好准备。

活动：快速抢答。

活动目的：复盘已有知识、互动。

活动时间：周一下午。

活动玩法：我问你答。

活动奖励：群主的成长资料包或者荣誉证书等。

（2）复盘大赛

组织群成员每周、每月写复盘心得，将自己在社群里的收获、思考、思维导图等列出来，并发到朋友圈。组织群内成员统一投票，票数最高的前几名即可获奖，参与者也有一定的鼓励奖。

活动：复盘大赛。

活动目的：促进群成员吸收消化。

活动时间：每周、每月。

活动玩法：组织群成员复盘。

活动奖励：定制小礼品。

（3）签到打卡

无论是兴趣群还是成长群或是个人品牌社群，签到打卡都是鼓励群成员行动的好方法。例如阅读社群、健身社群、写作社群等，都可以组织每日打卡，可以以图片形式、文字形式、视频形式，只要能证明成员做了这个事情就算签到成功。签到打卡不仅能够鼓励群成员行动，还能进一步促进成员之间讨论，增加成员的价值感和归属感。

活动：签到打卡。

活动目的：刺激群成员养成微习惯。

活动时间：每日。

活动玩法：组织群成员打卡并接龙。

活动奖励：荣誉证书。

（4）猜字谜

猜字谜是门槛比较低的活动，适当组织这类活动可以大范围内鼓励群成员参与。群主在特定时间发布猜字谜活动，鼓励群友来接，猜对的前几名即可获奖。

活动：猜字谜。

活动目的：激发群内活力。

活动时间：每周末。

活动玩法：主持人出题，成员竞猜。

活动奖励：定制小礼品。

（5）评选活动

定期组织群内评选活动，例如最佳打卡奖、最佳互动奖、最佳进步奖、最佳助人奖、最佳贡献奖等，由群成员提交申请并组织群内投票，通过评奖让社群充满仪式感，鼓励成员积极参与社群贡献。

活动：有奖评选。

活动目的：鼓励群成员积极共建。

活动时间：每周或者每月。

活动做法：群成员申请，投票评比。

活动奖励：荣誉证书、学习礼券。

4. 社群福利

社群福利是社群的附加值，也能在一定程度上提高社群的活跃度。主要福利有社群红包、社群礼包、社群礼券、社群积分等。

（1）社群红包

社群红包对维护社群活跃度有着一定的作用，要想沉寂的群快速冷启动，发群红包是最快最有效的方式，但红包只是辅助手段，不能过于依赖。

社群红包分为全员红包和定向红包两种。全员红包主要用在开营点名、重要节假日、成立周年纪念日共同庆祝等。发送全员红包可以让群成员感受到运营者对他们的关心和祝福。定向红包主要是针对社群内表现积极并作出一定贡献的成员，可以私底下发送红包对他们进行感激，从而刺激他们进一步提供更好的价值，牵头把社群维护好。如果他们的行为得不到群主的肯定和鼓励，他们会失去付出的动力，做着做着就不想做了。社群失去了活跃引领者，很容易变成"死群"，不利于社群的管理。

（2）免费听课券

免费听课券也是一个很好的福利，特别是对个人成长有要求的人来说，需要不断学习新知识，这时候，免费听课券就是他们比较需要的东西。免费听课券可以是社群自己研发的针对 VIP 会员的特定课程，也可以是其他社群的课程。我们可以和别的社群进行课程置换，互相赠送一些免费听课券。一方面可以为社群提供种类多样的课程，另一方面还能进一步宣传自身课程，属于双赢行为。

（3）定制小礼品

可以根据品牌文化定制相应的鼠标垫、T 恤、购物袋、杯子、雨伞等产品作为社群成员的小礼品，这些小礼品虽然价格不高，但都带有品牌文化的标签，可以让群成员有一定的凝聚力和归属感。

（二）沉寂社群如何激发活力

很多社群一开始的时候活跃度不错，但随着时间的推移，就慢慢淡下来了，社群失去了最初的活力，成了广告群、灌水群、沉寂群，遇到这样的情况，我们应该怎么办呢？

1. 分析社群沉寂的原因

（1）套路死板

社群的运营者在运营社群的时候套路老套死板，包括活动和话题模式都基本一样，没有什么新的方式方法，群成员在长期的熟悉模式下很容易产生厌倦的心理，从而对社群失去了兴趣。

（2）缺乏话题感

社群由于缺乏组织，常年没有大家感兴趣的话题，或者大家对社群的话题逐渐失去兴趣，也会让社群逐渐沉寂。

（3）缺乏新鲜血液

有的社群由于把新成员组建新群，让旧群缺乏新鲜血液，久而久之，管理者对旧群也就逐渐失去了管理的热情，从而使旧群趋向沉寂。

（4）逐渐失去价值

价值是社群赖以活跃的关键因素，假如一个社群失去了昔日的价值，社群里的人也会对社群慢慢失去信心，从而不再对社群抱有希望，选择无视群里的信息。

2. 针对性激活社群

（1）重新组建

如果社群是免费社群，且有好几个月处于沉寂状态，我们需要将社群进行快速重组。重组的时候不是单纯将群里的成员直接移出去，而是有仪式感地解散，并重新组织新群，规定一定的人数，明确社群的使命和愿景，重新制定新规，提高社群门槛，结合社群价值、社群内容、社群活动等进行重新策划，并采取末位淘汰制，将不活跃不积极的成员直接移出。

（2）重新激活迭代

付费社群没有完成使命，暂时处于沉寂状态的，我们需要重新激活社群、恢复活力。此时，先对社群沉寂原因进行调查，收集群成员的意见和建议，重新对社群进行整体规划并写一个新的运营方案。重新整合资源，用群成员喜闻乐见的方式，联合相对比较活跃的成员进行每日互动，适当安排暖场人员在社群进行适当暖场，将氛围重新点燃。此外，还可以以结对子的方式互相提醒打卡，互相督促进步，完成群里的合作任务。

　　在策划群内活动的时候,可以将群成员进行分组,例如材料组、暖场组、节目组、主持组等，鼓励他们参与进来，分工合作，共同将活动举办好。只有他们真正参与到活动的策划和组织中来，才会更加珍惜社群，自己得到成长后也会更加乐意参与社群共建。与此同时，定时组织群内调查，了解成员的动态，根据成员的情况及时调整群内管理也很重要。总而言之，要让群成员有价值感、归属感、仪式感、惊喜感。

第十四章　引爆卖货

副业发展到一定阶段时需要进行卖货。无论是实体产品还是线上课程和服务，都需要经过售卖进行成交。本章主要为大家介绍线上卖货的技巧。

第一节　线上成交心法

目前大多副业都在线上进行，线上和线下相比，成交难度更大。因为线下能看到实实在在的人，可以根据用户的表情和言语及时跟进，抓住机会卖货。而线上就不一样了，明明和客户聊得可以，对方意愿也很强烈，但一提到成交就消失了。还有给客户发出付款码时有事情耽搁了，第二天再跟进时对方却反悔了。因此，想要提高线上成交率，掌握一定的成交技巧是关键。

一、成交前的准备

（一）朋友圈烘托

试想一下，如果你有关于皮肤保养产品的问题想要咨询，这时有两个人出现了：一个是资深人士，直接给你一个方案；一个是普通护肤品销售人员，只宣传产品很好，没有给予任何方案。你会选择向哪个购买产品？相信很多人会不假思索购地购买第一个推荐的产品。为什么呢？因为第一个给人可靠的感觉。

因此，想要达到成交的目的，首先要给人留下可靠的印象。当然，这种可靠需要在朋友圈发布专业的话题，给人留下专业化印象。比如你是卖护肤品的，可以每天发布护肤小贴士；你是做写作培训的，可以分享写作技巧；你是做阅读的，可以分享阅读技巧。此外，顾客证言、付款截图、关键聊天截图也是取得顾客信任的基础，可以适当发布。由于每个人的状况不同，需要对其进行针对性咨询并给予方案。因此，需要提前设置调查问卷，方便了解客户的情况。

（二）梳理产品卖点

什么是卖点呢？《营销管理》一书中对产品卖点进行了定义。产品卖点包含两大要素：差异化和优势。也就是说，我们梳理的产品卖点要和其他同类产品有差异和优势，可以分以下步骤进行：

1. 找出产品特点

如果是实体产品，运营者可以从品质、技术、原材料、包装、功能等入手。例如：

品质：产品品质好。如：纯手工面包，纯麦。

技术：技术高超独到。如：独特的坚果保鲜技术，让坚果更新鲜。

原材料：原材料好。如：枕头材料选自泰国天然乳胶。

包装：包装符合产品属性。如：糕点包装高端大气上档次，送礼佳选。

功能：功能独到。如：冰箱具有智能语音功能。

价格：与同类产品相比的优势。如：买一送一。

如果是知识付费产品，倾向于从导师背书、课程体系、课程服务、课程售后、课程价格、课程福利等方面挖掘卖点。例如：

导师背书：10 本畅销书作者、明星的舞蹈老师。

课程体系：30 节小白也能学会的整理收纳课。

课程服务：一对一语音指导、一次付费学会为止。

课程售后：30 天内，对课程不满意全额退费。

课程价格：原价 199 元，限时特价 99 元。

课程福利：报名即送价值 1 999 元的课程礼包。

2. 找出与其他产品相比的优势所在

找出同类产品，列出同类产品与你的产品相比的不足之处，提炼出你的产品的特色所在。比如你的产品是枸杞，来自宁夏，个头儿更大，经过天然晾晒保留了营养，不经硫黄熏蒸；比如某自媒体课程，承诺一年内 365 天坚持复盘学费全退，一年内在某平台涨粉 10 万学费全退，有学费全退的承诺，更有吸引力。

3.收集顾客证言

找出卖点后，最后一步是收集顾客证言。运营者说得多好，如果没有使用过的顾客说好，用户是不相信的。这一步很关键，因此平时顾客的好评以及顾客的使用效果要保存好，可以专门放在一个文件夹里，在转化的时候能够随手发送。

（三）梳理顾客信息及痛点

无论卖什么产品，都要建立在顾客的需求上，因此梳理顾客的信息和痛点非常重要。例如顾客的职业、年龄、家庭收入情况等，以及顾客的痛点。如何找到顾客的痛点呢？可以从以下几点入手：第一，用户生活中存在的问题；第二，这个问题让用户很困扰，并且忍无可忍；第三，这个问题经常出现，影响用户正常生活。比如，个别家长一言不合就吼孩子，怎么改都改不掉。那么关于家长情绪管理的课程就很符合这部分家长的需要。比如，职场妈妈忙得晕头转向，基本没有属于自己的时间，关于时间管理的课程就符合她们的需要。比如每天弯腰拖地很累，扫地机器人就符合做家务人的需要。

（四）梳理成交语言

对于新手而言，运营者可以根据顾客经常出现的问题梳理语言。例如如何打招呼，如何吸引顾客注意、当顾客说"要考虑一下"时如何接话，顾客嫌产品贵怎么办，顾客对产品某个方面不满意怎么办等，都需要提前梳理好应对语言。

（五）梳理同类型产品

选市场上常见的五个同类产品和自家产品进行比较，并做成表格，找出自家产品的优势所在，并分条列出来。

二、线上成交的关键

（一）构建画面法

人是视觉性动物，单纯介绍产品可能难以感同身受，如果能在顾客面前构建使用后的画面，让顾客身临其境，效果会很不同。例如，你上了我们的课程，学会了收纳，家里变得井井有条，你悠闲地坐在阳台喝咖啡看看书，阳光照在脸上，你舒心地一笑，这样的生活真是太惬意了！

（二）共情法

足够尊重客户且理解客户。例如，当顾客告诉我们，他最近在学习瑜伽，学习做营养早餐时，你就可以说："那很不错呀，看来你是一个很注重养生的人，养成了很好的习惯。我看你也在朋友圈坚持阅读打卡，有没有想过利用阅读开展副业呀？"通过对方感兴趣的话题共情，然后直接转到产品上。

（三）给顾客有限选择

在给顾客解决方案的时候，可以提供两个方案供其选择，其经常想到的是哪个就选哪个。例如，我们目前有两个班型：第一个是基础班，适合没有阅读习惯的朋友；第二个是精进班，适合有阅读习惯的朋友。你看看是选择第一个还是第二个呢？

（四）针对营销法

针对对方最关心的点进行营销。例如，顾客比较关心习惯养成类话题，就可以告诉顾客，我们配套有 21 天打卡营，可以和其他同频小伙伴一起打卡。假如顾客关心的是资源拓展，就可以告诉顾客群里有各行各业的专家，气氛如何。如果顾客关心的是收益效果，可以列举和其背景差不多的人通过学习之后获益的案例。

（五）重结果轻营销

在聊天过程中，要多听顾客说，介绍产品的话语不超过 20%，能够针对顾客的需求一针见血，打动的点有一点足够，说话越多顾客越烦。当你的产品越靠近客户想要的结果，客户越容易产生购买行为。因为客户要买的其实是结果。把 80% 的时间和精力放在结果上，只把 20% 放在产品上。描述结果的关键点：让客户轻松、快速、安全地得到结果。

（六）逼单促销法

限数量：类似于"购买数量有限，欲购从速"。

限时间：主要是在指定时间内享有优惠。

限服务：主要是在指定的数量内会享有更好的服务。

限价格：主要是针对要涨价的商品。

三、线上成交的原则

（一）不卑不亢，不热情过头

对于顾客来说，如果产品符合预期，并且能够很好解决痛点，购买是迟早的事。如果对方的确需要时间考虑或安排，运营者不要步步紧逼，只需要日常发布顾客证言、顾客使用效果的朋友圈即可。如果有必要，可以对顾客顾虑的点针对性发圈，总而言之，要做到不卑不亢，不热情过头，适可而止。

（二）先舍后得，先利他再利已

《精益思想》一书中提出："让客户按照需要拉动产品，而不是把客户不想要的产品硬推给客户。"在销售过程中，一切要以顾客的利益为第一位，将顾客的需求放在第一位。不适合顾客的高价产品，不推荐；顾客不需要的产品，不推荐；无法让顾客得到一定效果的产品，不推荐。总而言之，要站在顾客的角度想问题，目光要长远。要得到回报，必须先付出，如果只想着成交，不想着如何提供价值，很难成交。

（三）让免费体验成为敲门砖

无论是哪种产品，都可以给顾客创造试用的机会，如果顾客实在拿不定主意，可以让顾客参加免费体验课，为他们提供高质量的体验，有了好的体验，成交率也会高很多。免费体验是很好的敲门砖，对于新手而言，特别有效。

线上营销需要精耕细作，用有温度的方式和人产生真实的链接，去放大影响力，让成交更扎实长久。

第二节 给好友分类，提高 200% 成交率

朋友最近跟我分享了一件事，让我对于好友管理有了新的看法。

朋友在线上开发了读书副业的课程，销量还不错，在行内也小有名气。在一个学习交流群里，有群友加了她微信，她一看，也是从事读书副业的，觉得可能有共同话题就通过了。

一开始她俩互相寒暄了一下，对方也向她请教了一些问题，之后就断了联系。突然有一天，朋友开始收到这位"同行"的私信，是关于邀请参加她的读书副业公开课的。

一开始，朋友认为是群发，没有理会，怎料之后每天都收到她的私信，而且内容基本一样，像一架没有感情的机器。朋友曾提醒，自己暂时对这类课程不感兴趣。但对方好像并未当回事，依然每天群发。最后，朋友忍无可忍，选择拉黑删除。

从这件事可以看出，如果不进行分类管理，全部群发并不能得到较好的宣传效果，反而还会引发好友的不满。除此之外，不进行好友管理，不进行精准转化，还会让转化率下降。因此，给好友进行分类很有必要的。无论是人还是事，比较和分类都能够让过程和结果事半功倍。

一、对微信好友进行分类

对于从事副业的人来说，大多数人的微信好友不外乎三种：工作、副业、生活。

（一）工作的好友圈

工作的好友圈主要是职场上的一些好友：一类是同事、领导、下属等，这些人在工作中与我们联系比较多，但不一定对副业有帮助，且在发送副业朋友圈时有些人（例如领导、下属等）需要适当屏蔽；另一类是合作伙伴，工作上的甲方或者乙方，这些客户有着一定的利益联系，因此也要谨慎对待。

（二）生活中的好友圈

生活中的好友就比较多了，有亲戚、同学、老师、朋友等，可以在发日常朋友圈时展示，在发工作圈、副业圈时适当选择展示。

（三）副业上好友圈

副业上的好友包含意向客户、同行、某些行业专家等。其中同行和某些领域的专家在群发消息的时候是不能打扰的，在备注的时候要特别注明。

二、为微信好友打上标签

明确了好友的分类之后，要对好友进行标签管理。根据好友的类型，为好友打上标签。

（一）分类打标签并梳理

根据工作、生活对好友进行分类，如同事、朋友、同学等，根据大类打上标签。分类打好标签后，梳理出禁止发广告的人，打上"禁发广告"标签。例如工作中的领导、下属，副业里的同行、专家等，他们中很多人购买产品的意愿比较低，且给有的人发广告之后会有不好的影响，运营者要一一梳理出来，单独作为一个标签，以免发广告时打扰。

（二）潜在客户或客户的标签分类

1. 一级标签：日期＋地域＋行业

对于刚加的好友，在尚未深入交流的情况下，运营者可以根据他们的个人介绍或者群内介绍、朋友圈情况等给他们打标签，按照日期＋地域＋行业的形式，以便对该用户的消费习惯和消费意愿有初步了解。例如：标签 2022.1—广州—设计师。

2. 二级标签：根据购买意愿打标签

根据用户购买情况进行分级打标签。

A级客户：表示已成交客户。

B 级客户：表示没有成交但成交意愿非常强烈，只需要耐心陪伴，解决成交上的障碍即可成交。

C 级客户：意向一般，对产品有一定的兴趣，但回复较少，疑虑较多。

D 级用户：比较聊得来，聊天 3 次以上，有良好的沟通，但未谈及产品。

E 级客户：属于目标客户范畴，聊天 3 次以下，未谈及产品。

F 级客户：属于目标客户范畴，发任何信息都不回复，互动为零。

在一级标签的前提下根据客户的购买意愿打上二级标签，在私聊和群发消息的时候可以根据标签的情况进行选择性发送。

此外，这些标签并不是固定的，有可能今天是 E，经过沟通明天就变成了 C，要根据与用户沟通的情况进行动态标签管理，让转化更加顺畅。

3. 三级标签：针对已购买用户

对于已购买的用户，可以根据用户购买情况进行进一步打标签。例如，用户只是购买了三天体验课，则要标注：A—5 月体验课。用户购买了正课，则要标注：A—25 期精进班、A—1.25 起—2022 精进年卡。对用户进行详细标注，方便统计学员上课及结课情况。

三、打标签后可以进行的操作

按要求打好标签之后，可以利用标签进行以下操作。

（一）拉群

对已购买某一期公开课或者训练营的用户，要提前打好标签，在拉群的时候就可以直接点击该标签一次性选中，将他们准确无误拉进群，再也不需要一个一个核对拉群。

（二）针对性群发消息

利用微信进行群发消息的时候，如果想给某一个群体，比如 A 群体发送信息，即可直接选中 A 群体，将已编辑好的信息放进对话框进行群发。同样，其他群体也可以按照这样进行区别化群发操作。

（三）针对性发朋友圈

在发朋友圈时，如果是比较私人的事情，只想给亲朋好友看见，可以直接选定该标签，仅他们可见。同样，假如是针对副业上的广告，只想让潜在客户或者意向客户可见，那么就可以选定客户标签，让客户可见。此外，针对不同的客户朋友圈也可以不同，可以根据客户的不同等级指定看不同价位产品推广的朋友圈。例如对 A 级用户可以适当推客单价比较高的课程，对 B 级用户可以推客单价中等的课程，对 C 级用户可以推客单价比较低的课程，在拟定朋友圈的时候针对性更强，转化效果也更明显。

第三节　如何策划群发售，实现卖货 10 倍增长

群发售是基于临时微信群策划的一种产品销售活动，通过前期的预热和活动期间的造势，烘托气氛，从而达到群内批量成交的目的。

一、群发售为什么能扩大销量

相对于一对一私聊销售，群发售之所以能够扩大销量，提高转化率，与它的巧妙设置能够满足客户的某些心理有很大的关系。

（一）品牌故事介绍，快速建立信任感

在群发售的课程分享环节，导师会利用视频、图片等形式介绍创始人或授课团队的故事，通过故事，运营者可以全面了解他们的品牌设置初心，从 0 到 1 创业的过程以及产品的独有特点、成功用户案例等。通过个人分享的形式可以快速建立信任感，提高现场说服力，也能及时回答用户问题，消除用户顾虑。

（二）超低门槛试听，让用户有期待

设想一下，你花几块钱听了几天高质量的课程，学到了一些知识，而且这些知识打开了你的认知，你正想进一步学习，发现课程需要进一步交费时，会不会继续购买？就像我们在看一部电视剧，看到关键时刻突然插播广告，你为了追关

键剧情，不得不耐着性子把广告看完。群发售里面设置的几天试听课也是这个道理，让受众先体验，觉得课程内容不错，不想轻易中断学习的热情，所以很多人选择付费继续学习更高级的课程。

（三）充分挖掘潜在用户，让转化更精准

在群发售开始之前，运营者会用朋友圈的形式发布裂变海报，通过海报的裂变不断挖掘潜在用户，扩大受众面，这是私聊所不能及的。一对一私聊属于封闭性销售，且不确定对方是否有意向，如果对方没有意向，选择不回应，销售就无法推动。而群发售则不同，在开始群发售之前会通过低价课程海报的形式充分挖掘潜在用户，将有意向的用户拉进群内，在群发售时，由于这些用户都是对课程感兴趣的精准用户，转化率也会更高。

（四）仪式感的营造，给人专属的满足

群发售一般会选择特定的节日或者时间节点进行。例如元旦、春节、妇女节、国庆节等或者是公司成立周年庆、公司新课发布的日子，这些日子和平时有所不同，因此优惠力度也比平时要大。如果运营者每年在这些日子都举办相应的活动制造专属的仪式感，顾客每到这个时候就会有所期待，例如平时可能不买或买得少，在群发售活动中就会购买或者买得多。仪式感是每个人都有所期待的，就像小时候期待春节领压岁钱一样，群发售契合了大众的心理，因此也能够在平时的基础上进一步扩大销量。

（五）烘托社群氛围，引起从众心理

社会心理学相关理论表明，人们都有从众心理，如果身边很多人都做了某件事，自己也会跟着去做。群发售也利用了人们的从众心理，大家在一个群里，如果身边好几个人都购买了，自己也会忍不住跟着报名。

（六）突出即时性和机会成本，让人毫不犹豫下单

每一场群发售里公布的产品价格都会比平时价格低，并且福利较多，如果错过这一活动，改天再购买不仅不划算还会错过诱人的福利。人们都会进行对比和

衡量，如果有购买的意愿，肯定会选择此刻下单，因为机会一旦错过就很难遇到。

二、如何策划一场群发售

明白了群发售的必要性和优势以及大众的普遍心理后，运营者就可以有计划、有目的地策划一场群发售。

一般而言，群发售分为前期准备、期间发售以及发售后复盘三大块。成交有两条底层逻辑：成交的核心是搞定信任。关系越深，信任越高；信任越高，单价越高。

（一）前期准备

做好前期准备的主要目的是造势、扩大影响面，为正式发售打下良好基础，主要包含：梳理群发售流程、明确发售产品和形式、准备发售工具及素材等。

1. 明确群发售流程

每一次群发售都有固定的流程，如果流程不明确，在群发售的时候就会比较混乱，整个活动会乱成一团。那么，应该怎么梳理群发售流程呢？一般而言，群发售的流程主要分为三个阶段：

建群（正式发售前 2 天）；

活跃群（建群后 1~3 天）；

正式发售（第四天）。

在建群期间需要造势，主要是通过朋友圈进行。朋友圈内容要涉及用户目前存在的痛点、创始人经历、顾客好评、解决方法等，每天要发 3 条以上朋友圈。

在开始活跃群的阶段，最主要的任务是营造活跃的氛围，让群成员有参与感、互动感。方式有：机智抢答、猜价格、红包雨、成语接龙等，还可以邀请老客户在群里发分享证言。运营者需要提前准备好趣味竞猜题目、抽奖礼品、交代参与分享的老顾客准备好分享词，做到有备无患。

在群发售阶段：要明确发售的具体步骤，如果有课程分享环节，可以按照"导师分享—顾客证词—产品介绍、竞品分析—优惠气氛烘托"的方式进行。

以上内容要用表格的形式将不同阶段的任务和内容安排好。

2. 产品选择

群发售的产品不能随随便便决定，要进行精挑细选，在选择时，可以从这几方面进行考虑：哪个产品目前卖得最好？轻决策产品吸引力如何？正价组合产品优惠力度大不大？有没有比单品更具吸引力？多维度进行综合考虑之后再对产品进行谨慎筛选。例如，写作课初期会用 9.9 元的引流课对 599 元基础课、899 元进阶课、1 398 元基础 + 进阶课三个品类进行群发售，发现基础 + 进阶组合课销量最好。所以在后期的群发售中，直接用 1 398 元的课程进行推广。

3. 准备群发售素材

提前准备群发售素材，主要有以下几个方面。

（1）产品介绍

群发售最终是要把产品卖出去，准备一个好的产品介绍很重要。将产品的特点描写出来，并用图片、视频等方式进行呈现，让用户对产品有基本的了解，产生购买的欲望。

（2）宣传海报

用上之前介绍的爆款海报要素制作产品海报、活动海报、倒计时海报、战绩海报、赠品海报等，活动海报最好多准备几个版本，小范围测试之后选择最优的版本。

（3）用户好评

用户好评是侧面证明产品、赢得用户信任的最好方法。试想一下，如果你对产品感兴趣，但是又没有试过，怎么知道产品好不好呢？这时有一个用过的人对你说，我用过，而且感觉不错、收获很大，你会不会更加坚定购买的信心？所以，在群发售之前，提前收集用户好评、邀请他们发表证言是必不可少的动作。

（4）朋友圈文案和活动语言

群发售的活动一般通过朋友圈和私发进行通知，要准备好 10 条朋友圈剧本和图片，以及 3 条私发信息，方便群发售的人员进行实践。此外，活动群公告、群内接龙语言、暖场人员语言、促单语言、用户购买后的语言、客户常见问题语言等，都要提前准备好。

（5）群发售工具

一般而言，群发售都不离开必要的发售工具。提前准备好官推、小鹅通、荔枝微课等工具，测试好工具是否能正常使用，查看二维码是否能够正常扫码等。

（二）期间发售

在发售期间，运营者只需要根据既定的流程分工合作即可。通过朋友圈和私发进行预通知后拉群活动。在发售期间，要注意以下几个小细节。

1.提前发红包、预热

在正式的发售那天，活动开始前10分钟让在线的"扣1"，把在线的人"炸出来"，如果有导师分享，把导师的权威背书和简单经历介绍出来，把用户的评价或者学习课程的收获抛出来，吸引用户的注意力。

2.不断晒单

在推出产品之后，如果有用户已经购买，可以以赠送小礼品的方式引导用户进行晒单。让他们把购买截图发进来，促发其他想买的用户下单。当用户下单时，所有的工作人员都要祝贺该用户，给用户仪式感。例如："恭喜某某购买副业课程成功，获得加值1 999元的赠品福利，开启副业每月多收5 000元之旅。"

3.适当逼单

和直播卖货相似，在群发售期间也要进行适当逼单。例如，在宣传文案时提示离活动结束只有1小时，仅有50个名额了，早下单早享受超值赠品，错过再等一年。用赠品有限、名额有限以及时间倒计时等方式逼单，可以让犹豫不决的用户快速下单。

4.活动之后补单

由于群发售一般在晚上，如果晚上很多人来不及参加，当天的活动优惠就没有了，但第二天早上，还会有一些错过活动的人前来咨询。这时候应该怎么处理呢？运营者可以设置一个没有昨晚力度那么大但吸引力比较强的优惠福利给对方，询问对方的意见，如果对方愿意接受，即可销售，如果不接受，可以让对方等下一次活动。

三、如何进行群发售复盘

每一场群发售过后，都要进行针对性的复盘。所有成员共同聚集在一起开会，一起回顾群发售的全过程。复盘的主要内容有：目标对比、分析原因、优化反馈、完善方案等。

（一）目标对比

将群发售的实际成果和最初的目标进行对比，看看有没有达到预计的目标。看结果是与目标差距较大还是超预期完成了目标任务。

（二）原因分析

假如没有达到目标，到底是什么原因导致？主观原因还是客观原因？如果是主观原因，那么在活动过程中哪一个环节出了问题，是配合不够还是准备不够？要不断地追踪原因，直到找到关键为止。如果是客观原因，比如二维码付不了款、活动工具失灵等，这些原因下次能不能够避免？假如达到了目标，我们也可以反思，次活动中哪个环节做得最好，下次可不可以借鉴推广？哪一个环节还能做得更好？为什么？这些都是我们在分析原因的时候可以考虑的问题。

（三）优化反馈

经过整个过程的梳理，会发现有很多可以优化的地方。这时，把这些优化的地方分条列举出来，一起讨论能不能用在下次的群发售当中，取其精华、去其糟粕。

（四）完善方案

拿出已有的方案，对方案进行全程复盘，查看活动过程中有没有按照方案执行，执行过程中有没有什么问题？如果有，应该怎么改进？将改进措施列出来，一起分析讨论，进一步完善群发售的方案，以便下一次能够更好地开展活动。

第四节　粉丝少也能直播带货？五大直播技巧让你卖货不断

直播带货是近几年比较火的方式，通过视频介绍产品，配合促销和抽奖等形式扩大销量。如果你有自己的产品和课程，直播带货是简单且有效的销售方式。或许你会问："我粉丝少，是不是直播没效果？"其实，就算粉丝不多，也能直播带货，本节就为大家介绍直播带货的技巧。

一、直播带货的特点

（一）门槛低，人人都可以参与

相对于线下带货而言，直播带货门槛低，只要掌握手机操作技巧随时随地都可以播，无论是公司还是个人，不管是身处几线城市，都可以通过直播的方式展现产品，让产品得到最大限度曝光。

（二）用户量大、传播速度快

目前利用平台进行直播的用户量日益激增，如抖音的日活用户量已超过 6 亿，由于视频和直播具有较强的推广性，所以传播速度极快，能够将视频大限度地推送到潜在用户那里。

（三）具有可持续性、互动性

当视频点赞率较高、互动效果不错的时候，平台会一直将视频推荐给潜在用户，视频就会得到持续加热。被不断推送的视频可以使账号不断曝光，给直播间带来高人气。此外，抖音的视频还可以进行单向、双向、多向等互动交流，把围观的观众也吸引进来，具有较强的互动性。在直播间，可以通过相应的活动和促销，把现场气氛提升上来，激发人们的从众心理，促进下单。

二、直播带货必备知识

既然直播带货是目前比较火的带货方式，那么运营者应该怎么提高直播水平呢？主要有带货前准备、带货技巧、带货语言技巧等方面。

（一）带货前准备

直播带货之前，运营者需要进行一定的准备工作。

1. 人、货、场的准备

（1）人：要根据职责对主播和助手、运营人员等进行分工。主播主要负责介绍产品、展示产品、控场等，主播想要提高转化率，提前了解产品很重要，除了了解产品的基本信息外，还要了解产品的优惠和亮点、卖点。助理工作主要负责协助主播进行互动，引导关注，回答观众提出的问题。运营人员主要负责烘托现场气氛，服务关注及时处理现场遇到的特殊状况等。

（2）货：产品是直播的关键，产品好不好，优惠力度够不够大，决定了产品能不能够得到高转化，那么在准备货物的时候应该注意什么呢？最关键的一点是根据粉丝画像和粉丝喜好进行谨慎选品。选品的时候，分为引流产品和利润产品，有的产品价格低、性价比高，是用来引流的；有的商品价格高一些，但优惠力度大，实用性强，是妥妥的利润产品。我们需要根据粉丝的属性进行产品设置。

（3）场：也就是直播场地的准备，包括手机、支架、补光灯、麦克风、提词器等设备以及场地的布置。场地布置对于直播而言也很重要，要给人一种可靠、信任、舒服的感觉。如果卖的是价格比较高的高端产品，场地破破烂烂、乱七八糟肯定不行。如果卖的是母婴用品，你的场景就要布置得温馨舒适，满足女性的心理需求。

2. 直播脚本准备

和视频脚本一样，直播脚本就是把直播带货的流程都策划完备。主要包括商品出货顺序、直播流程、各商品讲解时间、产品信息、产品卖点、直播语言等。

3. 直播前预热

直播前的预热，主要是提前告知粉丝直播的惊喜和优惠，让粉丝准时进入直播间。预热的时候，可以在抖音的主页公布相关信息，也可以在直播带货之前的几个小时内发布预热视频，设置吸引人的直播封面吸引粉丝进场。

4. 提前试用直播产品

这是很关键的一环。很多主播就是因为没有提前了解和试用产品，在直播时错漏百出，得不到观众的认可。在试用时，不仅要记录试用的感觉，还要记录产品功效，把试用时的描述语、卖点也记录下来。

（二）带货技巧

1. 专业度展现

直播带货只有足够的专业才能够赢得信任，而信任是成交的前提和基础。因此，在直播之后要展现自己的专业度，如果你是卖农产品的，要对农产品的营养成分、功效等了如指掌，并在直播间展现出来。如果你是卖知识付费产品的，要对粉丝提出的具体问题进行解读，并从专业角度给予建议。如果你是卖化妆品的，你要对成分足够了解，对不同肤质的人适合什么样的化妆品足够熟悉。只有在直播间展现了足够的专业度，得到了信任，才能够让粉丝下定决心购买。

2. 调动观众的感官体验

除了专业之外，还要全方位带动观众的感官体验，才会产生足够的冲动下单。特别是网络直播不同于线下购物，线下购物可以看一看、摸一摸、试一试，网络直播不能试、不能摸、不能闻，体验感大大降低，用户的购买冲动也没有那么强。在直播的时候就要把感觉告诉用户，用具体的语言让用户感受到，仿佛自己在试用产品的感觉。具体包括视觉、听觉、味觉、触觉、嗅觉等，调动粉丝的眼睛、鼻子、耳朵、舌头、身体等直接感受，将试吃、试用之后的感受清晰传达出来，让观众听了仿佛身临其境般。

例如，某知名带货主播就经常用形象化的感官语言把产品具体化，把香水的试用表现得淋漓尽致：

恋爱中的少女，开心地去找男朋友，那种很甜的感觉。

屋顶花园，非常适合夏天。

穿着白纱裙，在海边漫步的女生，非常干净的那种感觉。

下过小雨的森林里的味道。

虽然闻不到香水的味道，但通过其描述，也能够想象到具体的画面，那样的画面让人向往，从而想拥有。

在推荐口红的时候，主播的用语也具体形象：

这个颜色给别人的感觉很温柔、很春天、很清新。

这支好美呦，浆果豆沙的颜色。

少女感满满，初恋的感觉。

通过这种场景化的形象语言，勾起用户的欲望，没有人能够抵挡得住对美好生活的向往。

3. 展现观众喜爱的人设

在直播过程中，还要把观众喜爱的人设展现出来，比如你卖的是农产品，就要给观众展现出朴素、大方、接地气的感觉；你卖的是化妆品，就要展现出专业、精致的感觉；你卖的是电子产品，就要展现出商务、高端的感觉。

（三）直播语言技巧

对于直播卖货而言，直播语言的积累和准备不可或缺，主要包括互动语言、留客语言、逼单语言、结束语言等。

1. 互动语言

在直播间进行良性互动需要一定的语言技巧，直播互动性好，平台才会不断为直播间推流，对提高人气有着巨大的推动作用。那么常用的互动语言有哪些呢？

（1）提问语言：你们有没有大热天被晒脱皮的经历？你们有没有吃过这种小番茄？

（2）刷屏式语言：这福利款，我想知道大家想不想要，我们统计一下，有多少人。

（3）选择性语言：想要 A 款的"扣 1"，要 B 款的"扣 2"。

（4）关注性语言：还没有点关注的上方点个关注，加入我们，9 点会有抽奖。

2. 留客语言

我们可以思考一下，平时自己为什么会蹲守直播间没离开，肯定是整点抽奖或者免单活动，提醒粉丝们关注并不要离场。例如：点赞超过×××，×点会有抽奖活动，千万不要离场，点击上方关注我们，加入就可以参与。

此外，及时回答粉丝的问题也是关键，有的粉丝重复问了三四次，主播都不理，粉丝肯定就离开直播间了。并且，提问的粉丝都有很强的购买欲，一定要及时回复，如果你暂时没空，也要先回复。

例如有粉丝问："主播可以试一下3号链接的裙子吗？想看一下效果，身高158可以穿吗？"

如果你还没空，你就可以回答："可以的，等我先试完这条就给您试，可以先关注主播，您还可以免费领取20元优惠券！"

如果有粉丝不耐烦地说："主播为什么都不理我，我不买了，没劲！"

你可以说："您不要生气，主播不是不理，消息刷得太快没来得及看。您想问什么问题？主播马上解答！"

3. 产品语言

无论直播间气氛如何，如果产品不可靠，客户的购买欲望必定大打折扣，因此要在直播间里把产品的优点多维度展现出来。比如：

这款产品是主播自用款，无限回购！（自己都在用）

昨天直播间推出这款产品秒杀，几分钟就卖了上万套，实在是太火爆了！（销量不错）

前两天，某某顾客下单下了10套，今天又来抢10套，因为实在太好用了！（顾客证言）

大家可以看看我们这款的好评率，好评率达到99%，说明质量经得起大众的考验！（好评如潮）

这款产品真的便宜又好用，用在脸上感觉水嫩水嫩的，在这种干燥的天气最合适！（直接介绍感觉）

此外，站在专业角度介绍产品的基本信息和功效、使用场景等也能够给用户可靠的感觉。

4. 逼单语言

很多时候，我们买东西的时候都会比较纠结，买还是不买？买这款还是买别的款？

此时，主播就要进行逼单：这个价格，你们随便比，看好了赶紧拍！

还有最后 30 单！秒完没有了！手速要快！

还有 2 分钟秒杀结束！现在开始倒计时！

前 50 名送价值 399 元的礼品，先到先得！

5. 结束语言

在直播结束之后，要有一定的结束语，可以让观众感受到你是在用感恩回馈，逐渐将观众转化成忠实的粉丝。比如：

今天的直播很快就要结束了，感谢大家捧场，今晚实在太开心了，明晚同样的时间，还有更多的惊喜等着大家，还会有神秘嘉宾来直播间，不见不散！

下一场直播在明晚 8 点，主播会直接送礼品，大家期不期待！一定要来，不见不散！

三、直播带货的复盘

无论是多厉害的主播，在直播过后都会组织复盘，查看直播目标达到没有，有没有哪些地方没有做好，主要原因在哪儿？下次应该在哪些方面改进？

1. 对标目标

比如本场目标是销售额要达到 10 万元，围绕这个目标，我们有没有达到？如果没达到，在哪个环节出了哪些差错？是没准备好，还是直播过程中出了问题？如果达到了，我们可以总结哪些经验？哪些关键地方做得很好，促使目标的完成？

2. 主播发挥

本次直播主播发挥得好不好，介绍产品有没有足够专业？有没有出现没介绍到位的情况或者口误的情况？或者气氛烘托不够的情况？如果有，那么下一次应该在哪些方面进行改进？

3. 团队配合

本次直播团队配合如何？助理协助有没有到位？运营团队有没有及时回复？有没有出现配合不到位的情况？造成的原因是什么？下次如何避免？

4. 现场气氛

直播的现场氛围如何？是红红火火还是冷冷清清？有没有给人造成一种急于想购买的冲动？如果没有，原因是什么？如果有，有没有达到应有的效果？

5. 粉丝反馈

直播过后，也可以适当征求粉丝的意见，看看他们对直播评价如何，如果评价一般，那么改进的地方在哪里？如果评价不错，那么下次可以吸收的经验在哪里？

复盘之后，可以把本次复盘的内容以及下次改进的地方和步骤写出来，进一步完善直播细节和直播语言，以便下次直播做得更好。

第十五章　引爆线上流量快速裂变

对于副业而言，流量是一切运营的基础。如果你的流量不足，单纯依靠手动加好友增加流量，副业迟早会做不下去。所以，无论是多厉害的人，都会特别重视引流和裂变，让副业十倍增长。

第一节　平台引流法门

就目前而言，公域平台如今日头条、知乎、小红书、抖音等是大量人群的集聚地，我们可以通过在这些平台发布优质内容，吸引他们的关注，从而获取一定的粉丝。在此基础上再进行公域流量到私域流量的转变。

一、为什么要将公域流量引流到私域流量

公域流量就是基于一些文字、视频、声音平台，人们通过在上面发布优质内容，引起粉丝的关注。由于用户体量大，天然具备流量属性，常见的今日头条、知乎、小红书、抖音、喜马拉雅等平台都属于公域流量平台。在公域流量平台分发内容，可以搭建自己的流量洼地，形成品牌效应。私域流量平台就是能够快速简便触达用户的平台，例如微信、社群、朋友圈、QQ 等都是常见的私域流量平台。相对于公域流量而言，私域流量有以下几个优势。

（一）与用户直接联系

由于在公域流量平台发送消息不方便，且用户试用频次不稳定，所以在公域平台上的流量具有极强的不确定性。也就是说，在公域流量平台的粉丝想看就看一下，而且由于关注的多，平台推送的时候还不一定能刷到你。但在私域就不一样了，人们经常用微信聊天，能够看到你的朋友圈，被你的内容吸引。

（二）获客成本低

只要用户在私域流量池，运营者就可以针对用户进行分销裂变活动，互动性更强、转化率更好，不需要额外付广告费。而公域流量就不一样了，想要进行品牌推广，必须付高额广告费，转化效果也不能保证。

（三）提高用户黏性

在公域平台，由于和用户联系不够紧密，一对一沟通交流较少，因此用户黏性比较低。而在私域平台，与用户一对一交流更密切，感情联系更紧密，用户的黏性也更强。

二、各大平台如何进行精准引流

了解了私域平台的优势，来介绍目前比较热门的抖音、今日头条、知乎、小红书、喜马拉雅等平台的引流方法。方法大同小异，但由于平台规则不一样，所以引流难易程度也不一样，因此，在引流之前，一定要仔细阅读每个平台的规则，哪些行为能做，哪些行为不能，在平台允许的前提下进行引流，避免禁言或者封号。

（一）抖音的引流秘籍

抖音作为目前国内较火的短视频平台，引流潜力巨大，主要引流方法有：

1. 个人资料引流

在个人资料直接留下引流诱饵，例如"私信 666，送你价值 ××× 的文案写作课。"除了课程，也可以送资料包、送咨询等，可以根据你的实际情况进行。

2. 抖音背景墙引流

抖音的背景墙有两个作用，一个作用是赢得用户信任，比如团队合照、获奖的现场照、现场上课照等，都是能够提高用户信任的照片。一个作用是引流，内容跟个人资料里的一样。例如"私我 666 送我写的 ××× 电子书"。

3. 直播引流

可以通过直播，邀请粉丝加入我们的粉丝群，通过粉丝群发布福利信息，然后再引流到微信。

4. 广告推广引流

在抖音上，我们经常会看到有一些广告，点进去之后需要加微信才能买。这就是通过信息流推广告，用户觉得不错直接加微信，客户就成功进入私域流量池。只要计算好投入和产出，广告推广引流也是较好的引流方式，适合公司化运营。

5. 认证企业蓝 V 引流

运营者可以通过公司或个体商户的营业执照来认证企业蓝 V，再挂官网链接，页面里面可以进行私域引流。

（二）今日头条引流秘籍

1. 个人资料引流

今日头条的个人资料引流和知乎引流差不多，一般按照"你是干什么的 + 你能为他人提供的价值 + 别人关注你有什么好处"进行介绍。

例如：×××，××× 联合创始人，新媒体作家，已出版 ××× 书籍，帮助 ×××× 实现写作的梦想，欢迎私信。

2. 微头条引流

在今日头条中，微头条也是引流的好渠道，可以像朋友圈那样进行客户好评故事分享，也可以在文末加上引流的钩子。

例如在分享了爆款选题的微头条之后，你可以在文末这样说：我整理了 ×××× 个新媒体写作爆款选题，灵感枯竭、投稿屡次不中的小伙伴可以参考，不少人用了这些选题投稿成功，一个月多赚 ×××× 元。只要我的粉丝都可以拿，算是粉丝福利，点我头像，看图示范，回复"选题"我发你资料。

需要注意的是，运营者在文末引流的时候要跟分享的主题有关，如果和分享的内容无关，强行引流会让粉丝反感。

3. 头条文章引流

头条文章由于审核比较严，在引流的时候需要特别注意。我们可以在文末留下个人简介，用突出的个人简介来吸引用户的注意。

4. 私信引流

头条的私信跟公众号一样，运营者可以进行自动回复设置。只要对方关注你，就能够在私信里直接回复对方。运营者可以这样说：谢谢你的关注，我给你准备了××本女性创业电子书和×××文案写作课，回复666发给你呀。

（三）知乎引流秘籍

在知乎上写作的问答，如果干货比较足，具有一定的指导意义，很多用户得到启发之后对答主感兴趣，会想进一步关注答主。在知乎，能够最大限度的精准引流。在知乎平台引流也有一定的技巧，主要可以从以下几个方面进行：

1. 知乎签名

知乎签名引流是最为常见的方式。一般而言，不能直接放微信号，不能出现"微信"二字。我们可以留微信公众号，让用户在公众号回复数字和文字，直接领取，或者回复之后跳出微信二维码，找你来领取。

例如：公众号"××轻创业"，免费领××本创女性创业书。

公众号×××，每天分享副业美妆技巧。

公众号×××，每天更新一份引流秘籍。

2. 文中、文末引流

文中、文末引流要比较谨慎，如果不得当容易违规。在起号、新手阶段，不建议在文中、文末引流。可以在我们的知乎号等级比较高的时候再进行。在文中、文末引流的时候，可以参考粉丝量多的账号的方法。

可以在开头介绍自己的经历，并在最后给出公众号，让感兴趣的用户关注。

在正文进行分享的时候，运营者可以结合分享的内容进行适当的引流，例如：

读书要读两遍。因为我们读第一遍的时候，往往无法记住书里面精华的部分。我大学的时候终日泡在图书馆里，长期积累下来，不但打开了自己的格局和视野，还让我的写作技能突飞猛进。如果你手里没有一份好的书单，可以点下面的卡片，跳转到微信以后搜索我的公众号"×××"，关注以后回复"书单"，就可以得到一份超优质书单。

3. 想法引流

知乎的想法有朋友圈的功能，可以将用户的好评截图、用户的好反馈在知乎想法上发送。比如有人经常在想法上发布一些征稿信息和要求、学员上稿的截图和心得等，以此来吸引用户关注。就算在知乎上回答数量不多，每天通过发布想法也能吸引到不少人。

4. 私信引流

知乎和头条一样，也可以设置自动回复。回复的话语跟头条相似，在这里就不再细说。

5. 评论引流

当运营者发布了一篇质量很高的文章，很多人会在评论区里回复："想学、想要资料……"

这时，我们只需在评论区引导对方私信你，把微信发给对方即可。需要注意的是，不能直接在评论区留自己的联系方式，并且回复要及时，当天回复最佳，隔几天再回复，对方基本不会去看。

（四）小红书引流秘籍

小红书是女性聚集地，引流效果不错。一般而言，小红书有以下几种引流方式。

1. 利用打卡引流

在首页会显示打卡的图片，有很多博主就会对打卡这个功能进行引流。怎么操作呢？设置不同的文字图片，用打卡的方式一一发送出来。比如有个博主就发了4张打卡图片，每张打卡的图片上都有两个字，分别是"社群""干货""请看""收藏"。在收藏那里，刚好又是小号发布的有联系方式的笔记。这样，粉丝就可以简单直接地加你微信了。

2. 个人资料引流

在小红书，个人资料上一般会留下邮箱，方便商家和个人联系。如果你运营公众号，也可以留下公众号，如果用户对你分享的内容感兴趣，也会去自行关注。

3. 全网同名

运营者可以把所有账号的名字设置为同一个名字，在个人资料的地方加一句引导语"全网同名"，如果用户比较认可，在其他地方如抖音、知乎、微博等也会特意去关注你。

4. 私信引流

小红书私信引流不能用同一句话复制粘贴，必须换着话语回复，复制粘贴太多容易违规。回复的时候也不可以太频繁，要间隔一定的时间再进行回复。可以换不同谐音字进行私信，也可以将联系方式用拍照的形式发给对方。

5. 直播引流

在小红书，假如运营者开通了直播权限，要经常进行直播，和粉丝面对面交流。只有经常和粉丝交流，粉丝和你才会有感情链接，才更愿意联系你，购买你的知识付费产品或你推荐的产品。

当运营者和粉丝之间建立了一定的情感基础，也可以直接在直播间里引导用户私信你领福利，这时，你就能自然而然地加他们微信。

6. 企业号引流

和抖音的企业号一样，小红书的企业号也有特殊的权限。只要开通了企业号，就可以直接发布联系方式和站外信息，官方不会对内容进行限制。如果开通了企业号，运营者还可以绑定地址和电话，通过微信进行引流转化，如果运营者开通了实体店，还可以在加微信的基础上引导用户进店消费。

第二节　社群引流：如何让社群的人主动加你

社群，特别是付费社群聚集了具有同一兴趣爱好或者统一目标的用户，这些用户较为精准，因此也作为我们引流的渠道之一，本节主要介绍如何利用社群被动引流，提高引流效率。

一、被动引流的原则

（一）尊重群主

我们进了一个群，就得尊重群主，要尊重社群规则，主动修改群昵称，按照群主的规矩发布个人简介。如果群主规定不能私下加人就不能随便加，不然会有被移出群的风险。

（二）积极主动

被动引流的前提是我们要积极主动，经常冒泡。如果进了群之后一句话不说，也不经常和群内人员交流，就算主动加他们，他们也不一定通过，更谈不上被人主动加好友。

（三）不怕付出

被动引流的核心是付出。如果群里需要选小班长和小组长或者是群助理，我们要尽可能参加评选，因为参与的人一般不会很多，积极报名参与的话很多都能选上。群里的一些职位虽然会有点麻烦，但可以多加好友增加互动和信任，比手动一个个加人效果会好很多。在流量积累阶段，付出一定的时间和精力是必要的。因此，如果想在社群被动引流，就要有不怕付出的心理，多一些付出就多一些收获。

二、被动引流的方法

（一）策划有吸引力的个人简介

一个好的个人简介可以给人留下深刻印象，想在群内提高被动引流概率，要精心策划个人简介。好的个人简介主要包含四大要素：

1. 个人标签 + 特长

个人标签和特长主要是介绍你是做什么的，在所在领域有什么过人之处。

2. 曾经取得的成绩

除了标签之外，还需要将自己曾经取得的成绩展示出来，赢得对方的信任。

3. 提出互动

你能为群友提供什么，希望链接到什么样的资源？

4. 呼吁行动

大家如果在你擅长的领域有什么问题可以来找你，提出呼吁行动，可以让他人心安理得地链接你。

例如：

【我叫】××

【坐标】广州

【标签】书法教师

【个人成就事件】

省级书法比赛一等奖，书法私教。

帮助×××个中小学生，爱上书法并写得一手好字。

帮助××名宝妈，重新拾起书法，亲自给孩子进行书法启蒙，帮助××名大学生提升书法技能。

【我能提供价值】

3个月成人零基础学习书法的方法。

孩子不哭不闹快乐学书法的方法。

书法学习社群×××元/年，一对一指导×××元/小时。

【链接我送福利】

如果您或者您孩子对书法学习有任何问题，我能给你专业指导，现在私信我赠送××本副业电子书或×年书法学习社群（仅限群里的前10名，手慢无）。

我们可以根据自身情况参考上述的内容梳理自己的个人简介，写个人简介的时候可以先把所有的点列出来，然后再进行几轮筛选，修改后发到社群查看被动加好友情况，如果效果不佳，修改调整后再进行验证。

（二）第一次出场的机会要牢牢把握

在社群统一提供大家自我介绍时间的时候，是展现自我的最佳时期，要牢牢把握这个机会。因为这时候很多人都会自然而然互相加好友，在这种默认的自然氛围里，成功率会高很多。第一次出场的时候可以采取以下步骤：

1. 发开场红包

为什么要发红包呢？人们都有一种补偿心理，领了我们的红包之后再邀请加好友时就更乐意加我们。发红包的时候我们可以补上一句话：感谢群主提供的平台，很开心认识大家，下面发一下自我介绍，大家互相学习呀。

2. 福利吸引

我们在发自我介绍的时候已经公布了加入的福利，一般而言，很多人只能选其中一种福利。那么领了其中那个福利的人可以私底下聊，可以在群内 @ 我们，并说福利已领并感谢，获得另外一份福利。这时候，很多人会在群内 @ 我们表示感谢，群里其他人看见了也会加我们。

3. 间断回复

在群里的小伙伴 @ 我们的时候，可以选择性间断回复，当群里冷却下来了再发一个红包，表示与大家互相交流学习，不尴尬、不冷场。

（三）努力做社群的给予者

首先思考一下，在一个社群里，我们最喜欢什么样的人？最愿意和谁交朋友。一定是积极向上、热爱学习、乐于助人的人。如果我们想吸引更多人加入，就要成为这样的人，做社群的给予者。一方面可以通过给予增长见识、提升自我；另一方面还可以增加资源，何乐而不为呢？在这里给大家介绍几个常用的方法：

1. 分享笔记和思维导图

在参与社群学习的时候，很多人来不及听课，课后做笔记也懒得记，如果我们能够经常在群里分享笔记和思维导图，给予他人便利，他们会很乐意加入。

在写笔记和思维导图的时候，不需要面面俱到，也不需要长篇大论，只需要条理清晰、重点突出、简明扼要即可。

除了课程内的笔记和干货，我们在学习其他课程、阅读时候获得的干货也可以用清单的形式列出来，分享到群里，和大家共勉。

在笔记和思维导图底下，可以附上微信二维码和简要个人简介，欢迎大家一起交流。我身边的一个朋友在分享笔记的时候，有小伙伴觉得干货很足，直接把笔记发到朋友圈，又引发一群小伙伴围观加好友。这一步很关键，可以让看笔记的人直接链接你。

2. 与群主对接在群内做分享

当在主群内活跃了一段时间后，可以与群主沟通对接，在群内做分享。群主同意之后我们就可以准备分享方案，包括分享稿和群内福利等。在群内分享要确保大家感兴趣，且把最干货的部分呈现，打开群友思路，开阔视野，分享的内容价值越大，越能吸引群友的关注。

3. 多赞扬群友、多在群内互动

每一个热爱学习的人都喜欢得到别人的肯定和赞扬，因此，当发现某一个群友很积极表现的时候可以给予一定的赞扬，表示内心的肯定。此外，当群内的小伙伴提出疑问的时候，如果我们能够解答尽量在群内帮助解答。当解答问题多了，也能吸引到更多人的目光。

三、新手进行社群引流的注意事项

在进行社群引流时，有的新手会认为把人加到微信上即可，不管用什么方式都可以。其实不然，就算加到了微信上，如果人们对你的印象不好，对你的某些行为不满，即使不删除拉黑也难以达到成交的目的。因此，在社群引流时要注意以下几点：

（一）避免一进群就胡乱加人

一进群就胡乱加人容易遭人反感。由于大家还没有互相认识，这时候加人很多会不被通过。此外，还容易遭到举报被群主警告移出群聊。此外，胡乱加人容易给人带来不好的第一印象，就算以后在群里表现得积极，大家心里也有芥蒂，比较难融入集体。

（二）避免在群内发广告

在群内发广告、发自己产品的链接，还加上几句推荐语让群友购买，这样的方式也不可取，无论是群主还是群友都不喜欢这样的行为。大家本身就是奔着学习提升来的，硬生生在群内插播广告，打扰学习的兴趣，谁会喜欢呢？因此，在群内发广告的方式并不能达到宣传的目的，反而还会给大家带来困扰。

（三）避免每天嘘寒问暖

每天嘘寒问暖的方式表面上看起来没什么，但对于一个陌生人来说，这样的讯息容易给人们带来困扰。每个人的时间都很宝贵，不喜欢强行跳出来的讯息。就像我们在浏览网页时，一个接一个对话框弹出来，第一时间我们就想赶紧把对话框关闭，如果对话框无法关闭，宁可把网页关闭也不想看对话框的任何内容。我们私发讯息也会有这样的情况，偶尔可以视情况发，但每天都群发就会让人厌烦。

社群虽然属于线上平台，但与线下积累资源的底层逻辑是一样的。每个人都喜欢真诚无套路的人，因此我们在社群交流的时候也应多一份真诚、多一份付出，这样建立起来的关系才更长久。愿我们在社群里都能发挥特长，多交朋友。

第三节　互推引流：如何依靠目前流量进行互动置换

互推引流就是与同等粉丝量并且专注领域一致的人进行互推从而达到增加流量的目的。通过置换引流而添加的粉丝也是精准粉丝，因此，这样的方式也经常被人们采用。

一、互推涨粉的好处

（一）转化率更高

一般而言，我们对朋友推荐的人或物都会更加信任。如果那个朋友恰好在业界又有一定的影响力就更能增加信任度。对于陌生人，我们内心往往会加固防护，而对于朋友介绍的人，一般会有天然的亲近感。

（二）群体更为精准

一般而言，和我们进行互推人的好友体量和好友性别、兴趣爱好等都较为相似，且通过话语和图片介绍，能够筛选掉对我们不感兴趣的用户，因此通过互推加过来的人都比较精准，付费意愿也更高。流量宜精不宜多，几千个非目标任务比不上几百个精准目标用户。

（三）提高朋友圈活跃度

朋友圈内容千篇一律，时不时在朋友圈进行互推给他们介绍新朋友、提供好的福利，也是一种良好的互动。特别是有小伙伴领取福利并有所收获的时候，他们内心也会对我们有所感激，由此产生新的互动。

二、如何进行互推涨粉

（一）明确互推目标

什么样的目标比较适合互推呢？是不是粉丝体量差不多就可以？先举个简单的例子：

有一个老奶奶卖鸭肉，每天有 30 个顾客到她这购买，但人流量太少了，老奶奶每天收入都没法突破，她怎么办呢？隔壁的老奶奶也卖鸭肉，每天差不多也有 20 多人去买，她们能不能互相推荐，让客人去对方那里买？肯定不行，因为去对方那里买了之后发现不错，往后不光顾你了，或者买了之后发现质量不好，觉得被你骗，一生气也不光顾你了。

那正确的做法是什么呢？找可以和鸭肉搭配成一道菜或者同为肉类互不冲突的卖家，你们互相推荐。比如找葱蒜、生姜、鸡肉的卖家，与他们商定进行互推，只要他们介绍过来的顾客，一律打折。同样，你介绍客人去他们那里，客人也可以打折。

介绍的前提是，对方的产品质量可靠，口碑不错。

同样，我们的知识付费产品也要有这样的思维，比如你的产品是高效阅读或者时间管理，那么你可以找写作、演讲或者笔记术的老师进行互推。课程的性质不一样，但可以互补，并且都可以让报课的人在一定程度上得到自我提升。

（二）找到互推目标

互推目标可以从身边认识的人入手，也可以从朋友圈入手。在浏览朋友圈时，我们可以看看有没有这样的情况：

对方的用户画像和我们的用户画像重叠，例如都是 30 岁以上的宝妈群体。如果符合上面几条，那么这些人就是互推对象，我们可以去和对方进行沟通。在沟通的时候我们进行进一步了解几点信息：对方的意愿、目标用户情况、好友体量（如相差在 10% 以内可以互推），明确了以上信息之后就可以撰写互推信息交换。

（三）撰写互推信息

对方在他的朋友圈发送我们的信息时，这些信息由我们提供，因此我们要为对方提供话语和相应图片。话语尽可能自然亲切，广告痕迹尽可能不明显。例如：

给大家送福利啦！我的好朋友×××从事×××行业 10 多年，帮助了×××名爱好者通过×××开拓副业，现在我争取到×××个免费学习名额，扫描下方二维码领取，领完即止！

再如：我实在藏不住啦！隆重为大家推荐我的好朋友×××，她是××的行家，曾经……（过去的不如意），如今……（如今的成绩）。她的×××课程帮助了……我努力为大家争取到×××个免费学习名额，扫描下方二维码领取。领完即止！

图片发 3 章照片即可，一张是二维码照片，一张是个人生活照，一张是个人海报（包含图片和业务介绍）。

（四）把握互推时机

互推时，可以早中晚各一次，隔天再发，然后隔 1 天再发一次，之后隔 3 天再发一次。频次不宜过密，也不宜太疏。

（五）掌握适当沟通技巧

当对方加过来之后，我们可以提前准备好回复话语和福利礼包，统一回复。例如："你好，请问你是×××介绍过来的吗？很开心链接你，恭喜你在×××名以内，这会儿加我的人比较多，礼包等会发送，稍等片刻哈！"统一回复后再一一发送礼包。

如果加过来的人比较多，几乎超过我们之前定的优惠名额，希望引流过来的好友能够帮助我们再次裂变，可以这样回复："你好，请问你是×××介绍过来的吗？很开心链接到你！由于你不在×××名以内，但只要你将活动分享到朋友圈截图给我也可以获得福利，参加回复 1 ！"

（六）打上标签

每一个加过来的人，我们都为对方贴上标签，例如籍贯、性别、喜好、购买意愿等级等，并定时根据对方的情况进行标签动态更新、与时俱进。

三、如何利用公众号进行互推

（一）互推方式

除了微信朋友圈的互推，微信公众号的互推也比较常见，主要有以下两种方式：

1. 一篇文章推荐多个公众号

这种方式比较常见，例如，我们在浏览某个公众号文章的时候会发现有这样的一些文章"×××（如理财、科学育儿、副业等）必看的 10 大宝藏公众号、强烈推荐 10 大 ××× 宝藏公众号"等。如果我们对这方面感兴趣就会点进去看并关注。这样做的前提是我们要提前找好一些有意向互推的公众号，号主聚集起来互推。

2. 一对一互推

一对一互推的方式主要是根据对方公众号的调性撰写一篇文章并在文章的后面附上推荐者的简介和公众号信息，读者由于喜欢这类文章，一般都会点进去看，如果觉得内容干货比较足，分析到位，说出了他们想说的话，读者一般会顺便关注。

公众号互推和朋友圈互推方法相似，步骤也是提前了解对方情况，进一步沟通达成互推意愿，进而撰写文章进行互推，如果文末能够送上一份小礼物，读者会更有意愿关注我们的公众号，具体根据实际而定。

（二）互推涨粉秘诀

1. 先和认识的熟人进行互推

一开始互推的时候，如果我们对互推还不熟悉，可以先和认识的熟人进行互推，特别是对方已有互推经验，与我们合作起来沟通就会顺畅很多，并且熟人互推大家有重叠的朋友，也更乐于接受。

2. 推人不推产品

在互推的时候，要坚持一个原则：推人不推产品。人人都不喜欢看广告，特别是关于陌生产品的广告。因此我们在互推的时候要避免直接推产品的情况，以推荐人并送福利的方式更能让人接受。

3. 回复快且 100% 兑现

对方在加过来之后要快速通过并快速回复，且我们承诺的福利要在规定时间内 100% 兑现。这一点很关键，因为对方加好友是为了获取福利，如果长时间得不到我们回复，内心就没有了期待，就算那时候给予福利，内心也有不满。此外，由于加的人比较多，有时我们会忘记打标签，导致某些人的福利会有所遗漏，对方提醒了之后才记起来，这样的情况一定要尽可能避免，因为会影响对方的第一次印象，增加今后交流的障碍。

互推能够让大家的势能最大化，但我们经常会觉得麻烦而不去行动。卡耐基曾说："要想成功，必须具备的条件就是，用你的欲望提升自己的热忱，用你的毅力磨平高山，同时还要相信自己一定会成功。"如果想成功，就从点滴做起，从脚下做起，一步一个脚印，相信自己一定能成。

第四节 如何快速裂变，实现高增长

什么是裂变呢？裂变就是通过设置吸引人的东西或者活动，引粉丝成倍关注的方式。裂变方式就像一个放大器，让粉丝的量在短时间内能够大幅度提升。

一、免费礼品裂变

礼品裂变是比较基础的裂变方式。我们走在大街上的时候经常能看到有人拿出各种小玩意摆在那里，年轻人很喜欢那样的物件，一下子就跑过去，表示想要。这就是利用礼物进行引流。

在线上，我们也可以利用一定的礼品进行裂变，这些礼品有免费的也有付费的，在这里主要为大家介绍如何利用免费礼品进行裂变。

（一）免费礼品裂变的好处

如果你对某领域很感兴趣，刚好又有免费的东西可以领，只需要花费 1 分钟的时间，你会不会采取行动？例如，你喜欢阅读，刚好有几十本电子书可以送给你或者有 3 天高效阅读试听课，你会不会很心动？免费礼品可以刺激人们的原始行动，进一步提升加好友的积极性。此外，每个人都有乐于分享的特质，当得到免费福利的时候也会分享给别人，让更多的人获得福利，在他人获得福利的同时，内心也会有满足感。同时，免费礼品可以进一步筛选用户，让真正对产品感兴趣的人留下来。

（二）免费礼品如何挑选

一般而言，免费礼品主要有资料包、工具包、PPT 模板、电子书、免费课、免费社群等。我们可以根据自身专注的领域每次运用 1～2 个进行裂变。如何挑选合适的产品呢？

1. 契合用户需求

既然我们想要利用礼品涨粉，那么礼品就要符合用户的需求，只有用户感兴趣的礼品才是好礼品。我们要根据不同用户的特点选择不同的免费礼品。假如用户是年轻男性，他们或许对运动比较感兴趣；如果是年轻女性，她们对减肥塑身美妆感兴趣；如果是中年女性，还可能对亲子育儿、夫妻关系内容比较感兴趣。因此我们在挑选免费礼品的时候要投其所好，选择用户感兴趣的产品。

2. 具有一定独特性

礼品除了符合用户需求外，还要具有一定的独特性、稀缺性，假如礼品哪里都有，随便搜索一下都能轻易得到或者微信好友已经在朋友圈分享过类似的资料包，大家已经司空见惯，对用户来说就没有了吸引力。

3. 具有较大的价值

礼品虽然是免费的，但一定要有超高的价值，超过用户内心的预期，给他们惊喜的感觉，这种惊喜的感觉会促发他们帮忙宣传和转发，让活动持续扩大化。例如：虽然网上有很多零添加全麦面包的教程，但不成系统，假如你的课程比较适合用户入门，实操性比较强且课程自成系统，这类课程对用户来说价值就比较大。

有价值的礼品不一定价格就高，免费的礼品也可以有高价值。

（三）如何利用免费礼品进行裂变

1. 策划裂变海报

之前我们有专门的海报写法介绍，在这里结合免费礼品的特点再进行简单介绍，成功海报公式可以总结提炼为：

大众化＋痛点描述＋满足需求＋容易操作＋权威效应＋用户＋促单。基本包含的八大元素：

主标题（引起需求）；

副标题（满足需求）；

专业标签（建立信任）；

讲师、产品照片（刺激欲望）；

产品、课程介绍（进一步引发购买欲）；

促单话语（发出指令）；

活动引流二维码（购买载体）；

限时优惠（倒逼用户行动）。

具体可以参考海报章节进行设计，无论是课程还是资料包，都可以按照以上几个要素进行设计。

2. 选择裂变渠道

海报设计好之后就可以选择裂变渠道，裂变渠道有公众号和朋友圈等。在公众号进行裂变，可以引导用户关注公众号后回复关键词领取礼品。在朋友圈裂变，可以引导用户发朋友圈或者邀请好友共同领取的方式进行。此外，还可以在自媒体平台的简介页面注明：关注 ××× 公众号免费送 ××× 资源，让关注你的粉丝主动关注公众号领取礼品。

总而言之，礼品是我们和用户之间联系的纽带，有了礼品这个载体，能够让我们与用户自然而然地产生链接。此外，有了礼品这个载体，加过来的人都是有意愿参与学习的，我们也不需要像大海捞针一样去筛选精准用户。

3. 针对不同礼品设计裂变途径

（1）免费课裂变

免费课程裂变是比较常见的方式，优势是吸引的用户足够精准，且用户听课后购买意愿更高。一种是社群体验课，一种是录播课。社群体验课可以采用群裂变的形式，扫二维码进群之后转发海报到朋友圈，截图发给我们后即可进群学习；也可以采用拉人进群的方法，拉 10 个人进群后即可免费学习。如果是录播课程，可以要求对方邀请几个好友关注公众号后免费领取课程。

（2）免费资源裂变

免费资源的好处是种类繁多且不需要花钱，几十 GB 的资料包看起来超值，尤其是很多需要付费才能得到，在这里不需要花一分钱就可以获得。这一类虚拟资料是指各种电子资料，比如学习资源等。针对不同的人群可以设置不同的电子资料。假设目标群体是考研的学生，就可以整理一些考研学习的资料，引导他们关注我们的公众号，转发海报后才能获取这些资料。

（3）免费社群裂变

免费社群之所以吸引人，在于社群里的资源，如果是单纯的交流群，社群氛围不好，人们一般不感兴趣。例如写作交流群、个人品牌交流群、副业交流群、社群运营交流群、读书交流群等。需要注意的是，免费社群只是针对福利人员免费，非享受福利人员要缴纳一定的费用，例如加入年度社群需要 99 元，提高社群的门槛和吸引力，让人们更乐意进群。

无论是哪一种，底层逻辑都是根据用户的需求设置吸引到他们的物品，满足他们的需求并超乎预期，让他们有较好的体验，从而让他们自发地参与到裂变中来，达到引流的目的。因此，用户的体验很重要，我们在设置引流品的时候就要注重细节，把每一个步骤都做到位，不能因为小细节没做好而影响用户体验。

（四）免费礼品裂变小技巧

1. 提前谋划

虽然免费礼品裂变活动看起来比较简单，但想要获得比较好的效果还是要提前谋划，做好方案，包括引流时间、引流礼品、引流话语、引流步骤统一列出来。

包括引流过程中会遇到的问题和解决步骤都可以用清单的方式提前准备好，以便在引流过程中能够有条不紊地进行。

2. 经常性更换礼品

如果我们在一段时间内要策划几次免费礼品引流，为了达到较好的引流效果，几次引流的礼品要不相同。可以是内容上的不同也可以是形式上的不同，给用户不同的惊喜刺激，让用户有所期待，他们得到惊喜之后也会更有动力参与裂变活动。

3. 对引流进行复盘和反思

每一次引流结束后要对整个引流过程进行复盘和反思。反思在此过程中做得好的地方，分析做得好的原因，总结好的做法。反思在此过程中做得不到位的地方，分析做得不好的原因，列出下次改进的措施。针对复盘的内容对方案再次进行修改和完善，以便下次开展活动时能够用上。

免费礼品是打造个人品牌不可或缺的物品，平时要注重打磨免费礼品，将免费礼品打造成精品，吸引用户注意，让免费礼品成为我们与用户之间坚实的桥梁和纽带。

二、课程分销裂变

课程分销的裂变主要是拿出课程的其中一部分利润给分销者，促进分销者分享课程的一种形式。主要优势是分销者能获得实实在在的现金奖励，更有分享的积极性。

课程分销主要分为分销前准备、分销中处理、分销后组织三大阶段，每一个阶段都需要做好计划和安排。

（一）分销前的准备

1. 策划分销方案

分销前，要准备好分销方案，方案的内容包括分销时间、材料准备、分销途径、分销人员、社群管理等，安排好每个步骤的时间和人员，可以采用列表的方式进行具体安排。

材料准备主要包括分销海报、分销文案、导师简介、课程大纲、课程逐字稿等；

分销途径主要包括分销平台的选择、分销推文的确定；分销人员主要包含内部团队和外部志愿者以及各自获得的分销奖励；社群管理主要包括分销人员社群管理、社群话语准备等。

2. 明确分销流程

一般而言，分销用户通过海报购买课程之后，关注公众号获得进群信息，用户加我们的微信后进分销群，分享海报、赚回学费。如果是我们的分销战队，在引导用户购买之后同样关注公众号，查看分销排名，继续分享海报，分享打榜。

3. 确定各环节内容

（1）课程内容

课程方面，需要导师进行主题打磨，一般而言，引流课以3天为主，主题要根据课程实际将最精华的部分进行展示。例如，在策划3天引流课的时候采用的主题是"3天能学会的写作副业课：让你每月多赚××××块"。除了主题之外，还需要定好每天的授课内容，第一天一般是讲师介绍、基础入门课，第二天是进阶互动课，第三天是精进促单课。第一天解决信任问题，第二天解决知识问题，第三天解决转化问题。定好大纲之后就可以根据大纲内容撰写逐字稿。

（2）物料内容

导师简介、课程大纲、课程逐字稿根据主题制作分销海报，参考爆款课内容策划课程详情页。在制作海报和详情页之前，尽可能多方位寻找竞品，了解竞品戳中用户痛点、爽点部分，总结规律再进行具体撰写。例如，我们策划的3天写作副业课，用户的痛点是副业，在详情页的策划上，可以通过前后对比，用身边案例充分说明。例如，三天写作公开课就海报、导师介绍、详情页做了以下准备：

① 6个备用海报标题

主标题：0基础月入×××写作副业营

副标题：4步实操让你每天多赚×××元

主标题：业余时间月入×××的写作副业课

副标题：0成本、易操作，一学就会

主标题：0基础、0投资写作副业营

副标题：4大秘诀让你每月多收 ×××× 元

主标题：3天能学会的写作副业课
副标题：0成本、0投资让你每月多收入 ××××

主标题：3天0成本写作副业课
副标题：0基础、易操作，轻松月入 ××××

主标题：0基础月入 ×××× 写作副业营
副标题：0成本、0投资，一学就会
②详情页文字介绍：

大小3 MB以内。也可以做多张图，拼用。

用户痛点：做……你一定也遇到这样的问题……你可能也存在这样的困惑……

例如，你一定遇到这样的问题，想兼职多赚点生活费，学门副业技能，报了好多课，技能却没学到手。

收获：拥有这个思维的人会怎么样？学会这种技能的人有什么变化？数据支撑、成功学员案例列举。

例如，新手通过她们的写作训练营单篇稿费 ××××，每月写作兼职收入 ××××。

获得收益：让你所有的输出，都能有价值有意义，超过 ×××× 名学员在这里开启写作副业，拿到人生第一笔稿费。

收获亲密关系：育儿先育己，亲子关系、夫妻关系、家庭氛围快速改善，提升幸福感，百分之 ×× 的学员在写作的第一个月会发现不一样的育儿幸福感。

实现人生价值：掌握写作技能，百分之 ×× 的学员形成每天写作的习惯，用输出倒逼输入，用写作影响更多人。

平衡家庭的成就感：超过百分之 ×× 的学员在写作后变成"双薪"人士。

升职加薪：提高职场竞争力，让领导对你刮目相看。

让生活有底气：超过 ×××× 名全职宝妈学员已实现仅靠写作月入 ××××。

促单话语：

所有好的爆文，都有章可循，掌握 4 步实操法，只需简单照做，0 基础也能写出单篇 ××× 元的文章，每月多收 ×××× 元。

课程大纲：

第一天：0 基础 0 投入，我为什么强烈推荐你学写作？

第二天：写作实操，掌握这 3 大秘诀，让你尽快上稿。

第三天：写作副业：掌握这 2 大技巧，提升上稿率，每月多收 ×××× 元！

专家推荐：3～5 个名字、照片、推荐语。

附加赠品：进群送价值 ×××× 元的写作资料包：精选写作 & 育儿书单、重磅投稿资源、金句资料包；报名即送价值 365 元 / 年的专属写作星球会员；前 100 名独享每月一次的写作翻转课堂，学习高质量写作 & 副业的知识经验。

学员怎么说：见单独好评截图。

适合人群：想在业余时间发展副业的人；想兼顾家庭和事业的人；想快速学会一门拿得出手的技能的人；完全 0 基础但愿意尝试写作的人；想快速提高表达能力的人；想成为自由职业者的人。

课程亮点：

易上手：把文章拆成零件，一点一点讲透，让你快速成长课程特色。

全干货：全案例讲解训练，所有的总结方法均来自三位导师的实战经验课程。

可获利：四步实操法给文章把好脉，让你成为写好文章赚到钱的人特色服务专属群成员。

一对一指导：作业一对一点评指导，导师 & 优秀班主任在线答。

以上就是详情页需要准备的内容案例，我们可以根据自身的课程主题按照案例的格式进行详细操作准备。

（3）朋友圈文案：除了详情页外，我们还需策划 5～6 个朋友圈文案和评论区文案，让参与课程分销者能够快速操作，提高海报的转化率。

例如：

想开展副业，没有任何进展还浪费时间？

每月房贷车贷喘不过气？

没收入，在老公面前没底气？

那是你没有找到成长型副业渠道，写作不仅可以获得稿费，还能打造个人品牌，实现全网自动引流。一次投资，终身受益。

评论区："6·18"巨惠！！！原价199元的课程，现在只需9.9元，挑战成功返学费！

（4）逐字稿

逐字稿就是上课的内容，逐字稿根据分享时间确定，一般而言，每天分享在半小时以内为宜。除了准备逐字稿外，还需要准备分享课的PPT和课程案例图片，以图文并茂的形式更能够引发用户共鸣。

（二）分销时的操作

1.确定分销奖励

为了激励分销人员积极参与，可以根据分销数量设置一定的实物奖励，具体奖励可以根据预算来进行设置。

2.明确分销团队

明确分销奖励后，就可以利用朋友圈和私发信息等方式邀请感兴趣的人加入分销行列，特别是具有一定分销经验的人员，可以特别关注，谈好分销奖励，争取邀请他们参与。

在发送私信时，用微信中的群发工具，每天群发300人，有意愿的回复1，将回复的人统一拉到一个群内，交代分销奖励和分销规则。可以由比较有经验的人组成分销团队，让团队之间进行竞争，充分调动分销的积极性。

3.定期发送文案

成立分销团队后，需要定期组织分销团队发朋友圈。每天早中晚三个阶段发送文案模板和海报到群内，让分销人员发朋友圈后截图在群内。为了激发分销的积极性，可以每天在群内公布打榜信息，发送一些红包刺激，鼓励分销人员积极发朋友圈。每次发送朋友圈，可以将上一个分销朋友圈先删除后再发，避免引发人们反感。

4.每天活跃分享群

分销进行之时或者刚结束时，我们的课程还没有正式开始。这时，每天要定时活跃分享群，例如可以在早中晚发布知识干货，与群内成员开展好玩的互动游戏，发起话题讨论，都能让社群活跃起来。

（三）分销后的组织

1.兑现奖励

分销结束后，要按照制定的分销奖励进行兑现。将分销奖励兑现后直接在群里截图呈现，并且隆重介绍分销排行榜，贴出二维码，在所有的学员群里宣传，让对他们感兴趣的人加他们好友，给足仪式感。

此外，对学员的礼品也要及时回馈，在群内一一确认，还可以进一步设置更多礼品，让获得礼品的学员发朋友圈进行再次裂变，持续扩大群的影响力。

2.为课程做准备

分销结束后就是课程分享的时间，因此，要提前准备好课程所需要的物件，例如麦克风、课程平台（可以在专业软件直接上课也可以在微信群互动上课）、逐字稿、PPT等，PPT要符合课程调性且和我们品牌相符，尽可能选择明亮的色调，让学员看得清，此外，在PPT上还要加上我们的微信二维码，扫描二维码加好友可以获得价值比较高的资料包。

3.为买课的学员打标签

报名本次引流课的学员都有比较强的续课意向，因此在分销裂变之后要给他们打上标签，如"2022.3.8分销课报名"，方便日后在私聊和发特定朋友圈时能够提高精准性。

4.做好分销后的复盘

本次分销结束之后，团队各自根据自己负责的内容对分销过程中遇到的问题以及分销结果进行复盘，分析原因，把做得不好的地方归纳出来提出整改措施，避免下次再犯同样的错误。此外，还要全员一起对整个分销过程进行全方位复盘，团队每个人都进行思考和发言，做好复盘记录。

三、活动策划裂变

活动策划裂变主要是通过策划活动从而使粉丝量快速增长的方式，无论是个人还是企业，裂变活动都是不可或缺的重要一环。

（一）明确活动目的、活动对象

每场裂变活动都有一定的目的，只有明确目的才能够让活动不偏离主线，尽可能达到预期的效果。一般而言，一场裂变的目的主要有：公众号涨粉、老用户激活、老用户带新用户、完成新的转化等。

1. 公众号涨粉

通过裂变活动给公众号涨粉，在后续培养和互动中完成转化。

2. 激活老用户

有的老用户曾经对我们的产品感兴趣，也获得了一定效果，但不知道什么缘故不续费了，通过裂变活动让老用户得到一定的福利，让他们产生新的购买欲。

3. 老带新

通过老用户参与活动，积极裂变新用户。

4. 完成转化

通过一系列的活动后发布最新活动优惠，引导用户进入快闪群，实现新的转化。

值得注意的是，很多时候人们会将公众号或者微信好友的增长率作为考量裂变活动的指标，认为只要将人引流过来就达到了目的。其实，我们做任何活动的目的都是最终的转化，如果单纯追求表面上的涨粉率，对后续的转化重视不够、抓得不严，很有可能活动做完之后出现亏损的情况。因此，在策划活动之前，要将转化率和收益考虑进去，作为衡量裂变活动的重要指标，只有这样，裂变活动才有意义。

（二）做好裂变的准备

"凡事预则立，不预则废"，在裂变活动开始之前，我们要根据活动的情况做足准备。主要是策划好活动奖品、活动流程、活动工具、活动海报、活动参与人员等。

1. 确定活动奖品

活动奖品是裂变活动的重中之重，直接决定了用户的参与率，如果用户对奖品根本不感兴趣，那么活动就裂变不起来，白费了一番精力。因此，选择奖品要谨慎再谨慎。在选择奖品的时候，可以按照以下几个原则：

（1）用户最想要

如果用户不需要，再好的礼品也是做无用功。如何确定礼品是用户真正想要的呢？可以在用户经常出现的社交平台查看，看看他们对什么最感兴趣。例如，用户中年轻女孩居多，则可以到小红书上看看热门的推荐产品；用户中大学生居多，可以到知乎、微博上看看，年轻人比较关注的物品；如果宝妈居多，可以到宝宝树等平台查看。此外，我们还可以在现有用户中进行调查，列出几项奖品让他们投票，票数最高的可以成为备选礼品。此外，还可以多关注同行的裂变活动，看看他们选择的是什么奖品，效果如何？如果效果好，可以思考，能不能采用类似的奖品？如果效果不好，则要思考，为什么效果不好，可以在他们的基础上进行怎样的改进？通过多方面考量和分析列出奖品清单。

如果是实体店铺产品，还可以根据产品的销量来确定用户的喜好，选择自家王牌产品作为引流品，效果能够成倍扩大。

（2）让用户有"面子"

产品之所以能够分享出去，是因为用户愿意分享，因此，要选择比较体面的产品，让用户分享出去有面子。所以在礼品包装和设计上要看起来"高大上"，且能够突出用户的某些优质特性，例如书籍、健身用品、时间管理用品、个人成长课程等，都能体现用户有一定追求、爱学习成长，具有较好的社交属性，让用户分享出去毫无压力。

（3）与业务相关

奖品不能只考虑目标用户的需求，还需要与业务相关，只有贴近业务，引流过来的用户才更精准。例如，假如你的目标用户是宝妈，并选择了一款干发帽作为引流品，这款引流品的确符合她们的需求。但你的课程如是关于女性社群运营方面的，用干发帽引流过来的人就有很多对社群不感兴趣，这样达不到活动的目的。

（4）尽可能选择实体产品

实体产品相对于虚拟产品好处在于用户能够实实在在摸到、用到、体验到，在收到产品的时候具有更好的获得感和体验感，还能将奖品晒到朋友圈为我们的宣传打广告。如果是虚拟产品，他们没时间就不学了，吸引力没有那么大。因此，在经费允许的前提下，尽可能选择实体产品作为奖品，能够最大程度激发用户参与的热情。

（5）解用户"燃眉之急"

好的奖品不是有多贵，而是能不能恰到好处地解决用户的"燃眉之急"，例如在年底的时候，一本新年日历、新年日程管理笔记本就很符合用户的需求，可以根据当前的时间点了解用户的痛点，从而策划出符合用户心意的奖品。

2. 确定途径

常见的裂变路径和课程分销一致，运营者在策划的时候，最好能够用纸和笔将路径描绘清楚，减少用户在参与活动过程中的障碍，让用户轻轻松松参与活动。

在明确路径后，可以邀请身边的亲朋好友操作一遍，看他们能不能轻松操作，如果大多数人在某个环节出现卡点，说明流程要进行进一步优化。

3. 明确活动奖励方式

根据裂变活动，运营者可以设置阶段性活动奖励，根据邀请关注公众号人员的数量进行设置，邀请人数越多，获得的奖励越高级。此外，如果开通有企业微信，还可以按照邀请添加企业微信的数量进行奖品的设置。

4. 明确裂变工具

策划一场裂变活动，必须有一定的工具作为支撑，例如官推、麦客 CRM、活码云、小鹅通、荔枝微课、千聊等。

官推：主要解决的是海报分销裂变、公众号涨粉等问题。

麦客 CRM：上传截图之后能够跳转到指定链接，自动收集分享海报信息。

活码云：海报在多次扫描之后会出现过期的情况，如果过期的时候没有及时联系更换，容易遗失大量用户。活码云能解决这个问题，一张二维码扫描后可以自动切换，超过扫描次数后可以自动换到另一张，让海报二维码时刻保持活跃状态。

小鹅通、荔枝微课、千聊是课程平台，可以在这些平台制作自己的课程。

5. 明确活动海报

活动海报要根据本书中关于海报策划的内容进行策划，策划出几个版本之后进行海报测试。可以找几个没见过海报的朋友帮看，觉得哪个更吸引人，也可以分组进行小范围测试，测试看到海报的人购买率如何，选择购买率最高的选出最佳海报。

6. 对现有资源进行盘点预算

正式开始裂变之前，对现有资源进行一定的盘点和规划预测，确定目标，让大家朝着目标努力。盘点的时候主要盘点种子用户数量、奖品数量、可用的渠道如社群、公众号、视频号、抖音、快手、知乎等，对各个渠道进行估计。在此基础上根据转化率进行预估，计算获客成本，如果预算不足要及时补充。

7. 提前做好应急预案

裂变过程中可能会出现软件失灵、人员协调不及时、礼品地址登记遗漏等情况，要提前做好应急预案，针对可能出现的问题列出针对性解决措施，防止活动出现手忙脚乱的情况。要提前和软件方联系，确保系统的安全稳定。落实充足人手担任客服，确保信息能够得到及时回复。提前编辑好参与活动回复用语，如扫码关注语、好友关注语、重复扫码语、用户取关语、任务完成提示语、错误截图回复语、正确截图回复语等，让参与活动的用户能够得到及时的反馈。

（三）组织裂变活动

1. 提前测试

活动开始之后，要在内部进行小范围测试，将整个流程都走一遍，确保每个环节畅通无阻，如果在此过程中发现有卡壳的地方要及时修正。

2. 小范围开始裂变

一开始时可以小范围地推广，查看裂变效果，根据参与人数、关注人数、任务完成率、裂变率等初步预判效果，进一步根据指标进行优化，优化之后再持续扩大范围进行推广。

3. 各司其职，有条不紊

根据活动的安排，分小组各司其职开展活动，早中晚引导定时发布朋友圈，定期在裂变群内进行拉新排行，设置抽奖活动和优惠活动刺激用户下单，对下单的人员给予足够的仪式感。

（四）做好收尾工作

活动完成后，需要做好售后工作增加用户信任感，如尽快安排奖励发放，及时引导用户反馈，回答用户疑问等。同时要跟商家沟通好价格、偏远地区包邮与否等问题。引入强有力的运营手段对活动社群进行管理，避免沦为死群或影响用户体验、产品形象等。

（五）及时对活动进行复盘

活动结束后，别忘了认真回顾整个活动，搜集粉丝的反馈，总结一下哪里做得还不够好，哪里还可以再完善。还可以花点时间，做一个活动思维导图，把每一个环节都拆解下来进行分析，总结此次活动是否达到了目的，补充此次活动的不足，并为下次的活动做准备。此外，还要做好引流进来的粉丝的运营工作，源源不断地给粉丝提供价值和服务，营造公众号良性增长环境。

平衡篇

主业和副业互相影响怎么办？因为副业把主业荒废了怎么办？因为副业把自己搞得身心疲惫、情绪低落怎么办？因为副业没时间照顾家庭，导致家庭关系紧张怎么办？这是很多新手从事副业的时候经常遇到的问题。那么如何在主业和副业之间做好平衡，让主业和副业相得益彰、互相促进？本章就为大家介绍如何做好平衡，让自己每天能量满满、成为幸福的斜杠者。

第十六章　如何平衡好主、副业与家庭的关系

经常有人问我："舒老师，你有两个孩子，当时既要上班又要照顾家庭，还要兼顾副业，还一年写几本书，你会不会喘不过气，到底是怎么做到的呀？"在这里，给大家分享一下平衡主、副业与家庭关系的方法。

一、主业第一、副业第二

在主业和副业的关系上，始终要保持的原则是主业第一，副业第二。这个原则看起来很简单，但很多人在实践的过程中会有一定的偏差。

我的一个朋友晨晨就曾经因主副业没有平衡好差点丢掉工作。那时候她刚毕业，由于房贷压力大，在工作之余做起了自媒体的副业。由于晚上熬夜做自媒体，白天精神太差，久而久之，大家的不满越来越多。

以上是发生在身边实实在在的事。在这里需要和大家明确的是，如果主业还不错，我们也有意愿长期发展下去，就踏踏实实把主业做好之后再探索发展副业。下面，介绍一下我平衡主业和副业的方法。

（一）选择和主业相近的副业

我当时的工作是负责撰写宣传文案和日常大小总结，所以在选择副业的时候毫不犹豫选择了和自己本职工作相关的写作。选择写作的理由主要是：

第一，由于主业在写作上有了一定的积累，因此从事与写作相关的副业会更加容易上手，更容易取得成绩，当有了一定的成绩，就会有更大的动力坚持下去。不少人发展副业没办法坚持，最主要的原因就是副业短期不见起色，从而失去了发展的信心，没坚持多久就搁置了。如果从事的是与本职工作相关的副业，发展起来就会顺利很多，也更容易坚持下去。

第二，由于与主业相关，所以上手快，也不会花费过多业余时间，整个生活状态是相对舒适的，如果我选的是一个陌生领域，从 0 到 1，实践起来会需要大量的时间，这对于职场妈妈来说难度相对比较大。

第三，选择和主业相关的副业，可以在一定程度上互相促进。主业上积累的经验和方法可以用在副业上，副业上总结出来的底层逻辑也能够在主业上运用。

对于未婚的年轻小伙伴，可以根据市场需求和自身爱好、特长等多方面考虑，选择自己喜爱且发展前途较好的副业。对于职场妈妈，我更倾向推荐选择与自身职业有关的副业，相对而言不会那么累。

（二）利用主业以外的时间发展副业

选定了副业的方向之后，就要考虑如何发展副业的问题。我的时间是这样安排的：

非周末：上午 5：30 起床，晚上 11 点睡觉，孩子大概在 9：30 之后会入睡。那么早上 5：30—7：00 期间，我会有一个半小时进行写作。孩子 9：30 睡着后到 11 点，也有一个半小时，这一个半小时我会拿来复盘和阅读。如果写作任务很紧，我会连晚上的时间也拿来写作，阅读放在周末进行。

周末：各利用半天的时间进行写作和阅读。孩子写作业的时候，如果不需要我辅导，我会用半天的时间来写作和阅读。另外半天时间带他们去开展室外活动。

工作时间：专心工作，如果当天工作任务已经完成，我会针对性地看一些提升写作的书籍和工作相关的拓展性学习资料，对工作上的写作和副业上的写作都会有一定的促进作用。

（三）利用副业反哺主业

在副业写作发展到一定程度并取得了稳定的成绩后，我和写作上的朋友一起开发了新媒体写作课程，并将这些方法和技巧归纳好成书，得到了广大写作朋友的好评。与此同时，我还用新媒体写作总结出来的底层逻辑运用到工作的写作中去，在聚焦主题、结构化写作、金句提炼等方面进行了提升，主业的写作水平得到了提升，写出来的内容也越来越得到认可。

在发展副业的同时，需要不断总结经验和技巧，形成方法论，并将方法论运用到本职工作当中，从而达到反哺主业的目的，在此基础上，主业不仅不会受到影响，还会得到一定提升。

二、阶段性灵活、不求完美

我们可以根据自身的实际情况对事业和家庭进行动态平衡。

在刚步入职场的时候，还没有结婚生子，这个时间是职场冲刺的最佳时期，尽可能将重心都放在职场上，提升该提升的技能，积累该积累的经验。

当有了孩子后，我建议将重心更偏向于家庭。在孩子三岁左右，我曾经有一个到基层锻炼的机会，但孩子还小，如果只有周末偶尔回来陪她，我做不到，因此果断放弃。我的先生也曾遇到过这样的情况，想到更好的岗位锻炼，就必须到省外学习几年，但这时孩子还小，他担心我照顾不到位、兼顾不来，也忍痛放弃了。

虽然失去了很好的机会，但这是我们为家庭平衡的结果。因为此时孩子是最需要父母陪伴的时候，如果事业的损失相对来说不是特别大，可以将重心放在孩子身上，给予孩子全身心的陪伴。一般而言，孩子在 3 岁之前，父母的陪伴对他们来说很重要，且这个时期是习惯养成的最佳时期，我们可以在这个时期培养孩子养成良好的习惯。

在孩子逐渐成长之后，可以根据实际情况将重心逐渐转移到主业和副业上，如果有创业的想法，也可以进一步谋划和实施。我身边的一个朋友，前期专心教育孩子，等孩子不用她操心之后兼顾主业和副业，最后副业发展得风生水起，副业的收入远高于主业，她干脆把主业辞了，专心做事业。

三、学会做减法、分工合作

（一）拒绝不必要的活动

有了孩子之后，陪伴他们的时间就是挤出来的，要学会适当做减法。例如，朋友叫我陪她去做头发，需要半天的时间，而孩子正好没人带，或者需要我陪着完成当天任务，我会适当拒绝，因为那会花大半天时间，而周末也就一两天休息时间，需要把有限的时间放在家庭里。例如，在购物时，如果只打算买一件衣服，在挑选的时候就不要轻易打破规矩，尽可能在 1 个小时内挑选好，而不是没有规划的购物，浪费很多时间。

（二）借助家庭成员的力量

在家里，如果把所有的活都堆在一个人身上，别说副业了，就连主业都难以做好。所以，要懂得借助家庭成员的力量腾出更多的时间。学会给予其他家庭成员包括孩子帮助我们的机会。当他们动手干活时，不要指指点点，更不要指责他们哪里做得不好、不对，而应该给予鼓励：我发现你拖地比我给力，我没那么大力气，你力气大，拖得更干净！再注意一下柜子下的小角落就更棒了！无论谁，在干家务时最怕别人指指点点，多一些鼓励，他们更乐意分担。

四、减少情绪内耗，提升主副业效率

有时候我们会因为某个人的某句话，不开心一整天，什么活都干不了，白白浪费时间；有时候会因为某个需要做的决定，左右摇摆，一直心神不宁，不仅内心煎熬，还会让工作分心，降低工作效率。那么如何减少情绪内耗呢？

（一）情绪诊断

首先，要对情绪进行诊断，这样的情绪到底是因为什么产生。假如是因为和朋友或者伴侣吵架闹别扭了，从客观角度能不能及时沟通处理？如果是因为某个决定的问题，那么这个决定是不是必须马上做？问完自己问题之后闭上眼睛，深呼吸 5 分钟，让自己的内心平静下来。

（二）及时解决

经过简单的自我提问，内心也有了一定的答案，如果上述这些问题不能即时处理，可以拿出一张纸或者手机备忘录，记下我们的对策，记录的时候可以记时间和具体怎么说的，说明我们已经把问题方案记下了。

如果事情可以立刻解决，花半小时的时间立刻把问题解决，不要让这些问题影响我们一整天的时间。

（三）不断暗示

采取行动之后，给自己设置一个番茄钟，每当脑海里出现问题的念头，告诉自己，这个事情我已经想好解决办法了，现在想也没用，到时候再解决。把思绪拉回来，提高工作的速度，让自己快速进入节奏，没有胡思乱想的时间。

第十七章　管理精时力，让副业锦上添花

在主业和家庭时间之外，留给副业的时间会少之又少，不少人由于时间管理不到位，尽管副业发展得还不错，最终还是被生活打败，不得不直接放弃。那么如何做好时间管理，让副业在不影响主业的同时还能得到飞速发展呢？给大家介绍我的一些经验。

一、不让拖延偷走我们的时间

不知道你有没有这样的体验，明明任务已经很明确了，就是拖着不想开始，直到拖到最后期限，才匆匆忙忙开始，结果可想而知。拖延是很有可能出现的情况，因为人们喜欢逃避困难的事情，首选简单的事情做。

曾经有一次，我本来已经定好了早上要完成一篇稿件的撰写，结果看到地没拖，顺手拖了地，拖完地之后，看到桌子不整齐，又顺手整理了桌子，整理完之后觉得自己累了，就休息了一会儿，看了一下电视剧，结果一个早上过去了，任务都没开始。

对于当时的我来说，可能一早上完成一篇稿件难度太大了，所以我产生了畏难情绪，选择了简单的事情去做，用简单的事情来拖着不行动。那么如何克服拖延呢？其实就是一个公式：增加开始诱惑力＋减少开始阻力＋增加坚持定力。

（一）增加开始诱惑力

人的心理和大脑需要适当鼓励，要让开始变得更容易。比如，第二天要完成短视频拍摄，可以前一天把所有的道具都准备好，把背景布置好，把自己最喜欢

吃的东西放在那里。你第二天起床，看到那里环境那么好，心情一舒服，就会迅速采取行动。我经常有早起写作的习惯，我会晚上睡觉前把桌面整理好，摆上一盆自己喜欢的花，放一瓶自己最爱的香水和喜爱的零食。第二天起床，那样的环境会成为我行动的动力。比如你第二天要去跑步，可以把跑鞋和运动服放在伸手可及的地方，就可以快速行动起来。

（二）减少开始的阻力

很多时候，因为任务太难了，所以不想行动，这时候就要减少行动的阻力。例如，可以把任务分为几大块，将每块需要的时间明确好。比如写作可以分为：标题、大纲、开头、中间、结尾。每次写作的时候，假如迟迟下不了笔，我就告诉自己，现在只需要写个标题，写完再说，写完之后，我就会告诉自己，趁着现在列个大纲，列完之后，又有了新思路，就顺便把开头写了。很多时候，我们迟迟不开始，就是被任务吓怕了，如果把任务分块，一想到那一块觉得好像挺简单的，就不会被整个任务所吓倒。

（三）增加坚持定力

有没有发现任务就算开始了，自己也经常容易分心，动不动就想喝水、上厕所或者看手机？那么如何增加坚持的定力呢？可以给自己定一个番茄钟，比如25分钟内不允许做其他事情，就算遇到瓶颈，也还是要专注于这件事。还可以不断给自己鼓励，先坚持完成这一部分，不完成不许离开桌面。比如写完这一段，我就能去喝水，没写完不能去。当你坚持写完这段，很可能就有了新的思路，不想去喝水了。

（四）积极想象，不断激励

畅销书《吃掉那只青蛙》中有这样一段话："要想更快成为你理想中的高效能人士，这里有一种特殊的方法。你可以不断地在大脑中想象：你已经是一个踌躇满志、马上行动、处事果断、专注的人，你的回报和收益将会如何。你要经常把自己想象成为一个挑大梁的人，而且总是能够迅速而又圆满地完成你的各项工作。"无数实践证明，运用想象可以有效改变我们的行为和结果。我们可以在每天上午起床之后给自己安排 5 分钟冥想，想象自己今天完成任务高质高效且充满活力。

二、养成四大好习惯，让时间为我所用

我们经常抱怨时间不够用，其实是因为在不知不觉中浪费了很多时间。如何不让时间白白浪费掉，也是时间管理中的一个重要任务，养成良好的"惜时"习惯很重要。

（一）调整自己的时间密度

曾经看到过这样的新闻，某主持人去采访知名企业家，因为主持人迟到了 2 分钟，知名企业家愤怒离场。这里不仅说明守时的重要性，还说明对于成功人士来说，时间密度是很高的，哪怕是 2 分钟时间，也是一种浪费。

每个人的时间密度不一样，有的人把时间密度设置为半天，半天内自己就算没完成什么任务，或者无所事事，也不会有什么负罪感。而有的人时间密度是 30 分钟，30 分钟也能完成一个任务，如果这 30 分钟被耽误了，就会很焦虑，因为下一个 30 分钟有别的安排。

想要安排好自己的时间，把自己的时间密度提高一些很有好处，因为密度大，任务安排也足够紧凑，被浪费掉的时间就不多。比如我的密度是 1 小时，打 1 小时的电话和别人闲聊是我不能接受的，因为打了这个电话，1 小时的时间就没了，这对我来说是很浪费的行为。

（二）不让手机偷走我们的时间

相信大家都有这样的经历，明明浏览新闻是为了找灵感，或者美其名曰拓展见识，谁知一看停不下来，特别是短视频，刷到手机没电为止。手机成了偷走时间的"罪魁祸首"。

那么如何减少玩手机的时间呢？当开始任务之后，可以将手机锁进抽屉里，钥匙放在伸手拿不到的地方，看不到手机，拿出来也麻烦，我们就不会心心念念了。还有个办法就是，下载一个软件番茄 ToDo 软件，为任务定一个完成时间并开启"学

霸模式"，就没法看微信、没法看娱乐软件。此外，可以利用软件设置自己每天玩手机的时间，例如我们设置每天只玩一小时，玩够一小时软件会自动提醒，以此减少玩手机的时间。

（三）避免同时完成几项任务

人们在面对一大堆任务的时候，恨不得几项任务同时开展，这样做非常不可取。试想一下，假如我们正在专心致志地做PPT，一会儿开始打电话聊天，接着又打扫卫生，扫了一半又想起没给孩子买东西，打开淘宝逛了一圈，越逛越兴奋，一早上就过去了，这时再想回到PPT上，不管是心情还是状态都不同了。避免同时开启几个任务，不仅能够让我们保持高效率，还能保持心态的稳定。

（四）坚持要事第一

在《高效人士的七个习惯》中有一个很重要的法则"要事第一。"为什么要把重要的事情放在第一位去做呢？我们常说二八定律，就是一个人最终怎么样，是由他所做的 20% 重要的事情决定的。如果我们每天都先做那 80% 不重要的事，20% 重要的事就没时间做了。

怎么做到要事第一？每天把要做的事列出来，按照轻重缓急给事情排序。做完一件，打一个勾，最重要的事情没做完之前，其他事情先不做。就像《吃掉那只青蛙》里说的那样："在早上最有精力的时候，吃掉那恶心的第一只青蛙。"确保每天做的事都是最重要的事，这样副业也就能事半功倍。

第二节　做好副业精力管理

我在做咨询的时候曾经有一个二孩妈妈，她告诉我，每天工作 10 多个小时，下班回家还要做家务、辅导孩子作业，照料老人，感觉精疲力竭，就连难得的周末她也提不起精神，好好的副业就搁置了。她想摆脱目前的状态，找回之前那个活力四射、游刃有余的自己。

其实，除了时间管理，精力管理也很重要，内在能量高，我们从事一切工作、副业都很有干劲，效率也很高。内在能量低，就会像发蔫的茄子，干什么都没精神，什么都不想做。如何做好副业的精力管理呢？

一、好身体带来好精力

早几年，我身体素质不大好，经常因为天气原因动不动感冒，感冒之后头晕犯困，工作没多久就没精神，回到家更想直接倒头就睡，所有的计划都被打破了。因为身体状态不佳，任务没完成，影响了心情，心情不好，病又难恢复，久而久之造成了死循环。

为了提高身体素质，我决定早上起来跑步，但经常因为刮风下雨导致计划中断，没多久被打回原形。后来，我决定换个思路，下班之后一小时到健身房锻炼，那一个小时是固定留下的，如果不是特殊情况绝不打破。假如遇到加班，我会第二天早上用早起跑步"补打卡"，当习惯被养成之后，我不仅体重下降了，睡眠变好了，连心情都舒畅很多。

当心理能量不足的时候，锻炼是一个很好的方式，锻炼不是消耗的过程，而是为身体充电的最佳手段。但很多人会说，我知道锻炼对身体好，但就是坚持不下来啊！习惯当然没那么容易养成，在这里给大家介绍几点小心得：

（一）用微习惯促进新习惯

每天锻炼30分钟，这个目标很美好，但对于一个没有养成锻炼习惯的人来说，想达到这个目标并不容易。可以为自己设置一个很容易达到的目标，比如每天跑步2分钟，每天做1个仰卧起坐，每天跳绳1个。这样的目标很简单，坚持一段时间之后，如果已经形成了习惯，可以适当把微习惯的门槛调高，以自己可以轻易实现的标准为主。

（二）学会自我说服

很多时候，锻炼和不锻炼就是一念之差，只是一个念头，就会战胜内心的拖延和恐惧，勇敢迈出第一步。因此，要养成良好习惯，学会自我说服是很好的方法。那么如何进行自我说服呢？很简单，就是说服自己迈出第一步。比如，你想去跑步，但下不了决心，可以告诉自己，只要穿上跑鞋就可以了，先穿上跑鞋。当你穿上跑鞋，就会认为反正起来了，就跑一下呗，你会不由自主跑起来。脑海里不去想事情有多困难，只需要开始最简单的第一步动作，下面就变得很容易了。

（三）给苦差事加点糖

运动相对于玩手机、看电视、吃喝玩等来说是一件"苦差事"，既然是"苦差事"，强迫性地逼着自己参与，内心不仅有挣扎，还会有所抗拒。我们可以给"苦差事"加点糖，让这个"苦差事"更有诱惑力。比如，在跑步的时候，听最喜欢的音乐，这样，对跑步就有了期待。如果在家里的跑步机跑步，可以看最喜欢的电视剧、综艺节目，边跑边看，很快就会忘记了时间。我一般会在跑步的时候听书，听书对我来说诱惑力很大，边听边跑会给我极大的享受。

二、好情绪带来高效率

很多时候，我们感觉浑身乏力，不仅仅是因为身体因素，更多的是精神上的因素。

当处在负面情绪中时，我们需要采取一定的措施从中走出来，这里给大家介绍几个常用小技巧。

（一）情绪管理法

1. 识别情绪

自我觉察，意识到自己目前正在闹情绪，告诉自己："我现在正在生气或者难过、害怕、厌恶、失落……"

2. 接受情绪

有情绪很正常，每一个人都有情绪，没有情绪的人生是不完美的。

3. 感受情绪

感受目前的情绪对身体造成了哪方面不舒服，例如心跳加速，头疼……把手放到这些部位并告诉它："我感受到你了，不用怕，我会一直陪着你。"

4. 找出情绪背后的需求

反思自己产生这种情绪，到底是有什么原因。例如，你在从事副业的时候遇到一个很急的事情，你叫孩子先不要打扰你，但孩子不理解，还要抢你的电脑玩游戏。你很生气，生气的原因是孩子不理解你。你的需求是孩子能理解你，懂事一些。理解了这个需求，你就可以和孩子心平气和地沟通了。

（二）短暂冥想放松法

有情绪的时候，将身体坐直，闭上眼睛，双手放在大腿上，将专注放在呼吸上，感受气息，如果此时产生想法，不纠结，轻轻将注意拉回呼吸上，坚持5~10分钟，就会感觉身心放松，慢慢恢复到了平静状态。

（三）社交放松法

我们都具有一定的社会属性，良好的社会关系能够给予情感上的支持，让情绪更稳定。比如，和爱人一起看一部电影，和闺蜜一起逛逛街，带孩子去游乐场游玩，一家人一起出游散心，和要好的同事定期聚餐等，都可以使情感得到一定的满足。

三、好能量带来好状态

当自身状态不好、能量低下的时候，特别影响心情，此时，需要做一些自己喜欢的事情补充能量。

（一）思想方面

提升思想境界，可以开阔眼界，让心境平和豁达。我们可以报一门感兴趣的课程，比如心理学、管理学、经济学或者写作、读书、绘画、插花、烹饪、茶艺等，拓宽视野、活跃思维，收获满满的成就感。

（二）精神方面

有没有发现，假如我们一天都在看八卦新闻，不仅得不到放松，反而身心疲惫。为什么呢？因为我们没有做有价值的事情，空虚和内疚会极大耗费精神。找一本自己喜欢的书籍进行阅读，哪怕看上几页，都可以过得充实，内心笃定。此外，还可以和好友一起做义工，捐赠一些财物给需要贫困山区的孩子。

（三）品位方面

富养品位，能够提高审美，让自己处在美的状态下保持心情愉悦。比如穿衣风格、谈吐修养、室内装饰、美食制作等，都可以从提升品位入手，给自己营造美好的仪式感。

第十八章　副业路上的焦虑从修心开始

曾经有一名职场妈妈跟我诉苦，感觉自己的生活很不如意。在副业遇到瓶颈的时候，你是不是也有这样的想法呢？想改变目前的状态，必须从源头开始，心态好了，才能在主业、副业、生活中游刃有余。

一、学会转念，拥抱幸福

稻盛和夫曾分享过一个意味深长的案例：早年的时候，由于遇到自己不喜欢的工作，身边的环境也不尽人意，他怨天尤人、浑浑噩噩，想方设法逃离，但最终没有任何转变。此时，他转变了心态，决定不再抱怨，沉下心躬身入局，竭尽所能把工作做好。这时候，奇迹出现了，他研发出了一种全新的材料，他的人生也随之转变，后来成了日本著名的企业家。

给他带来转变的，是一念之差：既然环境暂时无法改变，那么就认真干活，把工作干得漂亮。当你专注于当下，让你内心充盈、充满幸福，而幸福感让你更有毅力面对工作中的不如意，从而让你走向成功。

所以，如果目前的情况你暂时没办法改变，那就忠于事实吧！试图着眼于当下，尽自己所能去做到最好，专注和充实是幸福的利器，因为幸福，所以你会成功。

二、勇于直视不完美

小时候，当我们面对一些困难和挑战时，父母经常会在耳边鼓励说："别害怕，要勇敢！"长大以后，我们面临的困难和挑战越来越多，勇敢成了必修课。我们往往容易意识到客观的困难，也会下意识鼓励自己，但也要有勇气去面对不完美的自己。

我在新媒体写作时，由于取得了一些小成效，内心曾经一度敏感，害怕他人的否定。当身边有经验的写作好友对稿件提出意见和建议时，我比较抗拒，认为她们在"挑刺"，并且试图找出各种证据，反驳她们的观点，进一步据理力争说明自己是对的。

经历了几次后，身边的好友都不愿意提意见，表面上认同了我写的文章。但当文章真正接受验证的时候，才发现稿件的确有地方需要改进。

从那之后，我开始沉下心，感谢他人为自己提意见。我开始鼓起勇气，认真思考他人的意见建议，如果经得起推敲、有道理，我会毫不犹豫地记下来，在下一次的实践中用上；如果反之，我也会记录好，并标注暂未使用。因为暂时自己认为不合理的地方，或许经过一段时间，会发现或许也有道理，所以也会记录下来。

特别是在副业的道路上，很多时候都需要自己去解决问题，更需要提升自己勇气。对于提升勇气，给大家三个小建议：

1. 进行自我对话

想象这样一个画面，在你面前有一个比你优秀一百倍的未来自己，握着你的手对你说："你虽然不够优秀，但有什么关系呢？明确了改进的地方，一步一步去提升，突破一个又一个卡点，享受战胜困难的喜悦，本身就是一件很幸福的事呀。"正视自己的不完美，努力向理想中的自己不断靠近。

2. 学会自我接纳

《被讨厌的勇气》一书中说："假如做不到就诚实地接受这个做不到的自己，然后尽量朝着能够做到的方向努力，不对自己撒谎。"学会拥抱自己，接纳自己的不完美，并且分条列出来，自己应该往哪方面改进？每天可以做些什么。正视自己，并落实到实际行动上，从小事做起。当你真正去做了，并且经过努力有了一些正向反馈，会对自己更加有信心。

3. 记录勇气日记

在从事副业的路上，勇气并不是一下子就能增长，但有的时候，你可能不知不觉已经慢慢懂得接纳自己，并鼓起勇气慢慢实践改进了。

这里介绍一个小技巧——写勇气日记，每当发现战胜了自己，并且成功迈出一小步的时候，把这个小事记录下来，把当时的所思所想描述下来。

在副业遇到瓶颈的时候，一开始可能会逃避，但有一次，你却直面困难，向有经验的人求教，并列下了行动清单，通过努力，你渡过了难关。这样的情形也可以记录下来，你会意识到："不断鼓励自己，就算犯再大的错误也能勇敢面对，即使是和以往不同的陌生情境，也可以再次接受挑战并成功做到！"

三、积极主动

当我们面对一大堆棘手的问题时，你是选择马上正视它，迎难而上还是选择躲起来，避而不见，期待问题自行消失？

积极主动是一生的必修课，因为痛苦，所以选择避而不见。然而，越是软弱，越被困难打倒，直到退无可退，才不得不面对，但往往那个时候，已错过了解决时机，既然如此，为什么不积极面对、主动出击呢？行动越早，阻碍越小。遇到难题，在可能的情况下，越早行动，胜算越大。

困境就摆在那里，我们可以选择自己能改变的事，从当下做起，一点一点改变；也可以选择回避、躺平，从而在时间的流逝中，让自己无路可逃。很明显，前者更能够让我们走向成功。

对于积极主动，可以从三个维度来进行锻炼。

（一）思维层面

我们可以采取下面几个步骤：

步骤一：感受。此时此刻，你内心的想法如何？这样的想法给你带来怎样的感受？然后深呼吸，倒着数 5 个数字，立刻说："停！"对想法及时喊停，然后站起来大步快走。

步骤二：转变。思考，目前的想法到底可不可信？例如你在抱怨自己运气差，这样的想法一点用都没有。经过理性思考，让自己逃离"受害者"困境。

步骤三：替代。当坏事出现的时候，大致正是磨炼我们快速成长之时，想办法解决就好，办法总比困难多。用正确的思维方式替代错误的思维方式，并循序渐进。

（二）语言暗示层面

我们经常挂在嘴边的话，对行动的影响力很大。当一件不如意的事情发生之后，我们可以用积极的语言替代消极语言，把消极的被动抱怨转变为积极的主观能动。例如：

"我可以和他积极沟通，下次争取把事情做好。"

"我能够从这件事里吸取教训，学会倾听。"

"现在的状况下，我可以选择及时止损积极。"

（三）习惯训练

1.打卡训练

每天睡前想想今天有没有用消极态度面对问题，如果有，打卡失败，如果没有，打卡成功。坚持一周不间断，可以给自己一些小奖励；坚持一个月不间断，给自己一些大奖励。

2.集中攻破训练

找一个自己比较想坚持，但一直坚持不了的事情进行积极主动训练，例如早起、阅读、运动、写作等，为自己设立一个小目标，主动养成好习惯。在小目标上能够积极主动坚持，在遇到困难的时候就会习惯性地积极主动去克服。

四、心怀梦想

我从小就很羡慕作家，即便步入了职场、有了孩子，但时间就像海绵里的水，我还是会利用一切可以利用的时间进行写作。我坚持下来了，也终于出版了书籍。

就算身在职场，就算人到中年，一样有追求梦想的权利。

从事和理想相关的副业获得成功，又何尝不是一件幸福的事呢？